Mastering With Drills

Addition

(Mastering Addition With Daily Drills)

RG Baltazar

Master Addition Drills!
A 365 Day Per Year Self-Tutoring Drill Book

Mastering with drills....

ISBN 978-1-105-37515-6
baltazarinc@yahoo.com
Copyright ©2012, RG Baltazar
All rights reserved.

No part of this book may be reproduced, stored in a retrieval system, or transmitted by any means, electronic, mechanical, photocopying, recording, or otherwise without written permission from the publisher.

Table Of Content

PAGE	CHAPTER TOPIC	Chapter
11	Addition Using Up to 2 Digits	1
23	Addition Using Up to 2 Digits	2
35	Addition Using Up to 2 Digits	3
47	Addition Using Up to 2 Digits	4
59	Addition Using Up to 2 Digits	5
71	Addition Using Up to 2 Digits	6
83	Addition Using Up to 2 Digits	7
95	Addition Using Up to 2 Digits	8
107	Addition Using Up to 2 Digits	9
119	Horizontal Addition Using Single Digit Numbers And Ten	10
131	Addition Using Two By Two Digit Numbers	11
143	Addition Using Two By Two Digit Numbers	12
155	Addition Using Two By Two Digit Numbers	13
167	Addition Using Up-To Three Digit Numbers	14
179	Addition Using Negative and Positive Numbers	15

ANSWERS

PAGE	CHAPTER TOPIC	Chapter
189	Addition Using Up to 2 Digits	1
190	Addition Using Up to 2 Digits	2
191	Addition Using Up to 2 Digits	3
192	Addition Using Up to 2 Digits	4
193	Addition Using Up to 2 Digits	5
194	Addition Using Up to 2 Digits	6
195	Addition Using Up to 2 Digits	7
196	Addition Using Up to 2 Digits	8
197	Addition Using Up to 2 Digits	9
198	Horizontal Addition Using Single Digit Numbers And Ten	10
199	Addition Using Two By Two Digit Numbers	11
200	Addition Using Two By Two Digit Numbers	12
201	Addition Using Two By Two Digit Numbers	13
202	Addition Using Up-To Three Digit Numbers	14
203	Addition Using Negative and Positive Numbers	15

Mastering with drills....

Dear Parent / Student / Teacher,

Too many of our students are lacking the basic skills in mathematics that will ensure academic success. Studies have shown that it takes lots of practice to learn these skills. After you have master the basic skills, then you can succeed with more complex mathematical problems.

This Math drill book will make it possible for students to boost their confidence with mathematics. Furthermore, each student can challenge his or herself to try beating the previous drill, both in time and accuracy. Drills have helped millions of students imbed into their long term memory mathematics basic but necessary skills.

It does not matter if you do the drill book at home or in the classroom, since the answer is provided to each drill. Children that are advance in mathematics became this way by first mastering the basic concepts that enable them to then succeed. The more drills the student does, the more confident he or she becomes. And believe me that it takes lots and lots of practice to build upon and master the higher level math skills that schools are demanding.

Don't forget to encourage each student to work on drills every day, week, month of the year. By doing so, each child will then develop the study habits that the worlds most advanced students possess. It's not that other students are brighter than others, it's that other students have learned the basic foundations required to succeed.

Congratulations on deciding to empower children with the tools they need to master and conquer mathematics.

Good Luck,

RG Baltazar

EXAMPLE OF STUDENT PROGRESS GRAPH

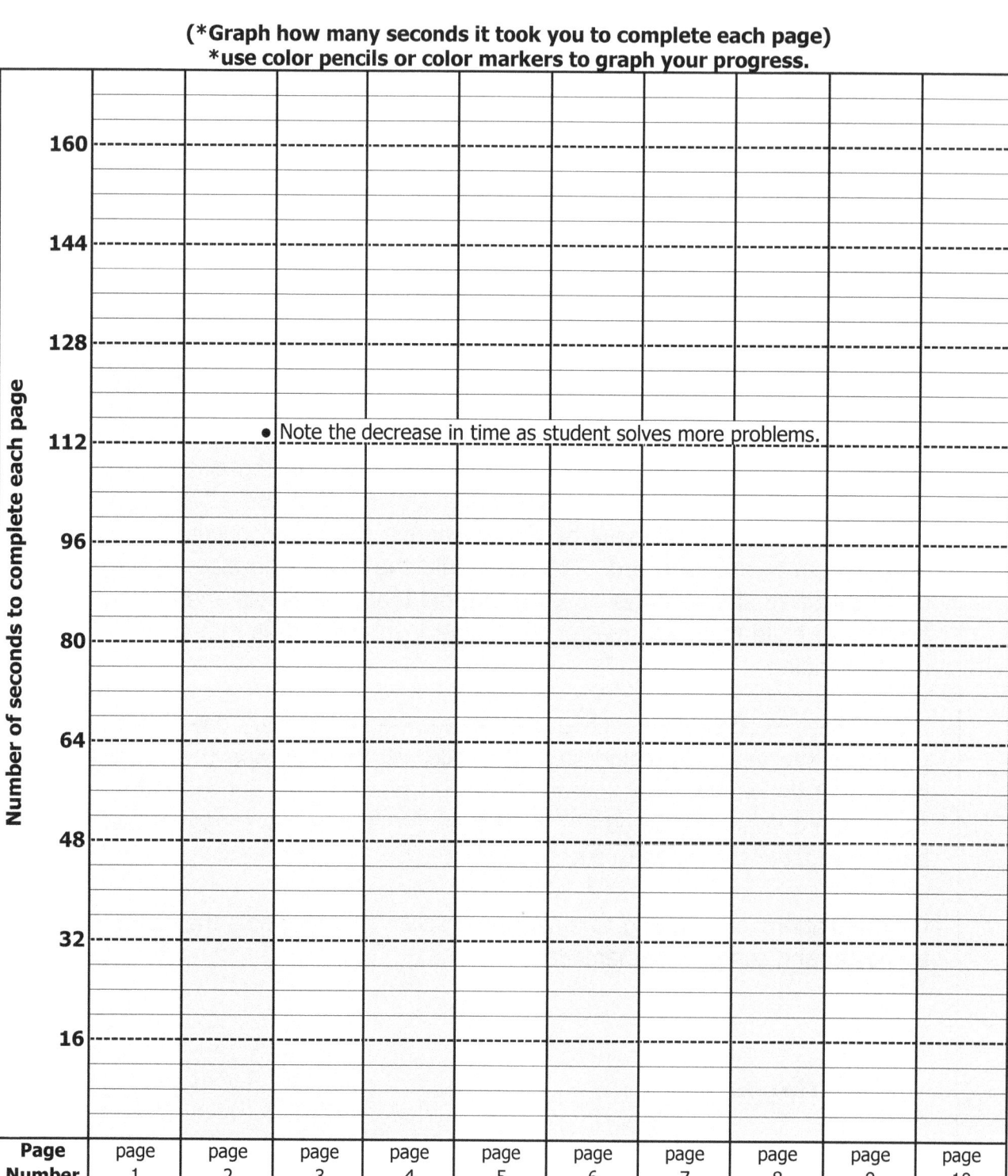

EXAMPLES   CHAPTER 1

Addition Using Up to 2 Digits

1. 37
   + 5

   42

2. 77
   + 8

   85

3. 99
   + 8

   107

4. 45
   + 9

   54

5. 87
   + 7

   94

6. 50
   + 8

   58

7. 29
   + 9

   38

8. 69
   + 5

   74

9. 74
   + 0

   74

10. 84
   + 7

   91

11. 89
   + 3

   92

12. 64
   + 2

   66

13. 51
   + 8

   59

14. 92
   + 6

   98

15. 24
   + 7

   31

16. 62
   + 6

   68

17. 75
   + 7

   82

18. 41
   + 3

   44

19. 42
   + 0

   42

20. 40
   + 2

   42

* note that zero (0) plus any number is just the number.

CHAPTER 1 PROGRESS   Name: _____

(*Graph how many seconds it took you to complete each page)
*use color pencils or color markers to graph your progress.

Number of seconds to complete each page										
160										
144										
128										
112										
96										
80										
64										
48										
32										
16										
Page Number	page 11	page 12	page 13	page 14	page 15	page 16	page 17	page 18	page 19	page 20

CHAPTER 1

Addition Using Up to 2 Digits

Name: _____

1.	73 + 3	**6.**	72 + 7	**11.**	35 + 9	**16.**	95 + 7	**21.**	26 + 7
2.	36 + 4	**7.**	97 + 9	**12.**	42 + 0	**17.**	60 + 0	**22.**	9 + 2
3.	9 + 7	**8.**	57 + 1	**13.**	56 + 3	**18.**	26 + 5	**23.**	89 + 0
4.	53 + 7	**9.**	62 + 5	**14.**	13 + 8	**19.**	18 + 0	**24.**	26 + 2
5.	15 + 8	**10.**	1 + 1	**15.**	24 + 1	**20.**	2 + 8	**25.**	42 + 6

* note that zero (0) plus any number is just the number.

CHAPTER 1
Addition Using Up to 2 Digits

Name: _____

26. 80
      + 3

27. 56
      + 2

28. 86
      + 3

29. 83
      + 8

30. 78
      + 1

31. 24
      + 5

32. 85
      + 8

33. 73
      + 4

34. 80
      + 5

35. 88
      + 2

36. 53
      + 0

37. 43
      + 0

38.   5
      + 2

39. 77
      + 5

40. 61
      + 6

41. 92
      + 9

42. 95
      + 6

43.   9
      + 0

44. 83
      + 2

45. 77
      + 9

46. 29
      + 2

47. 32
      + 4

48. 35
      + 8

49. 94
      + 9

50. 80
      + 2

* note that zero (0) plus any number is just the number.

CHAPTER 1

Addition Using Up to 2 Digits

Name: _____

51. 84
      + 9

52. 15
      + 1

53. 75
      + 8

54. 88
      + 2

55. 85
      + 2

56. 14
      + 0

57. 73
      + 0

58. 74
      + 7

59. 67
      + 4

60. 59
      + 4

61. 76
      + 2

62. 31
      + 9

63.   8
      + 0

64. 66
      + 7

65. 45
      + 5

66.   7
      + 1

67. 90
      + 3

68. 49
      + 1

69. 55
      + 6

70. 25
      + 8

71. 27
      + 2

72. 32
      + 1

73. 11
      + 0

74.   5
      + 6

75.   2
      + 0

* note that zero (0) plus any number is just the number.

CHAPTER 1
Addition Using Up to 2 Digits

Name: _____

76. 12
     + 2

77.   1
     + 2

78. 86
     + 0

79. 79
     + 7

80. 42
     + 5

81. 40
     + 7

82. 69
     + 6

83. 91
     + 2

84. 70
     + 1

85. 75
     + 3

86. 29
     + 5

87. 15
     + 6

88. 77
     + 8

89. 40
     + 9

90.   5
     + 8

91.   4
     + 0

92.   7
     + 0

93. 66
     + 2

94. 27
     + 1

95.   4
     + 2

96. 31
     + 5

97. 91
     + 3

98. 67
     + 4

99. 95
     + 0

100. 93
     + 9

* note that zero (0) plus any number is just the number.

CHAPTER 1

Addition Using Up to 2 Digits

Name: _____

101. 84 + 2	**106.** 81 + 7	**111.** 87 + 2	**116.** 36 + 1	**121.** 47 + 2	
102. 89 + 2	**107.** 3 + 3	**112.** 10 + 3	**117.** 41 + 4	**122.** 93 + 7	
103. 2 + 2	**108.** 72 + 9	**113.** 47 + 5	**118.** 54 + 7	**123.** 95 + 6	
104. 6 + 8	**109.** 48 + 6	**114.** 54 + 9	**119.** 13 + 5	**124.** 54 + 0	
105. 42 + 8	**110.** 41 + 3	**115.** 2 + 8	**120.** 58 + 7	**125.** 99 + 8	

* note that zero (0) plus any number is just the number.

CHAPTER 1
Addition Using Up to 2 Digits

Name: _____

126. 16
       + 7

131. 99
       + 9

136.   5
       + 2

141. 97
       + 0

146. 39
       + 2

127. 47
       + 8

132. 37
       + 6

137. 41
       + 0

142. 30
       + 7

147. 75
       + 3

128. 39
       + 9

133. 32
       + 4

138. 61
       + 8

143. 13
       + 1

148. 14
       + 8

129. 17
       + 8

134. 57
       + 4

139. 56
       + 2

144. 13
       + 4

149. 77
       + 1

130. 99
       + 2

135. 29
       + 4

140. 42
       + 4

145. 20
       + 8

150. 82
       + 2

* note that zero (0) plus any number is just the number.

CHAPTER 1

Addition Using Up to 2 Digits

Name: _____

151. 49 + 0

152. 69 + 7

153. 55 + 2

154. 60 + 9

155. 56 + 1

156. 47 + 3

157. 17 + 4

158. 81 + 5

159. 28 + 9

160. 77 + 9

161. 21 + 0

162. 17 + 3

163. 91 + 7

164. 5 + 7

165. 10 + 5

166. 67 + 0

167. 87 + 6

168. 5 + 6

169. 10 + 1

170. 57 + 0

171. 85 + 4

172. 73 + 5

173. 25 + 6

174. 32 + 7

175. 53 + 2

* note that zero (0) plus any number is just the number.

CHAPTER 1

Addition Using Up to 2 Digits

Name: _____

176. 87
       + 5

181. 69
       + 1

186. 97
       + 5

191. 88
       + 6

196.   6
       + 0

177. 54
       + 3

182. 62
       + 5

187. 94
       + 0

192. 65
       + 8

197. 12
       + 8

178. 63
       + 3

183. 42
       + 7

188. 37
       + 6

193. 74
       + 0

198. 55
       + 4

179. 26
       + 0

184.   7
       + 0

189.   3
       + 1

194. 97
       + 1

199. 31
       + 6

180. 59
       + 2

185. 91
       + 5

190. 47
       + 7

195.   1
       + 9

200. 29
       + 1

* note that zero (0) plus any number is just the number.

CHAPTER 1
Addition Using Up to 2 Digits

Name: _____

201.	37 + 8	**206.**	77 + 3	**211.**	83 + 6	**216.**	65 + 1	**221.**	29 + 9
202.	87 + 3	**207.**	32 + 6	**212.**	85 + 3	**217.**	11 + 4	**222.**	16 + 1
203.	6 + 0	**208.**	36 + 5	**213.**	65 + 3	**218.**	10 + 5	**223.**	9 + 5
204.	57 + 5	**209.**	34 + 2	**214.**	92 + 2	**219.**	24 + 8	**224.**	20 + 7
205.	81 + 1	**210.**	25 + 1	**215.**	64 + 7	**220.**	7 + 5	**225.**	21 + 6

* note that zero (0) plus any number is just the number.

CHAPTER 1
Addition Using Up to 2 Digits

Name: _____

226. 71
       + 2

231. 43
       + 5

236.   1
       + 5

241. 86
       + 3

246. 93
       + 2

227. 12
       + 0

232.   3
       + 8

237. 35
       + 0

242. 23
       + 5

247.   6
       + 6

228. 59
       + 4

233.   3
       + 8

238. 21
       + 6

243.   7
       + 8

248. 85
       + 6

229. 80
       + 2

234. 84
       + 6

239. 94
       + 6

244. 27
       + 6

249. 55
       + 0

230. 17
       + 1

235. 30
       + 3

240. 97
       + 8

245. 48
       + 4

250. 75
       + 2

* note that zero (0) plus any number is just the number.

EXAMPLES

CHAPTER 2

Addition Using Up to 2 Digits

1. 36
    + 7
    = 43

2. 15
    + 1
    = 16

3. 42
    + 8
    = 50

4. 63
    + 1
    = 64

5.   2
    + 0
    = 2

6. 43
    + 5
    = 48

7. 48
    + 2
    = 50

8.   6
    + 3
    = 9

9. 75
    + 5
    = 80

10. 73
    + 8
    = 81

11. 15
    + 8
    = 23

12. 13
    + 5
    = 18

13. 97
    + 3
    = 100

14. 71
    + 6
    = 77

15. 82
    + 7
    = 89

16. 28
    + 3
    = 31

17. 69
    + 0
    = 69

18. 31
    + 0
    = 31

19. 52
    + 8
    = 60

20. 62
    + 7
    = 69

CHAPTER 2 PROGRESS   Name: _____

(*Graph how many seconds it took you to complete each page)
*use color pencils or color markers to graph your progress.

Number of seconds to complete each page										
160										
144										
128										
112										
96										
80										
64										
48										
32										
16										
Page Number	page 23	page 24	page 25	page 26	page 27	page 28	page 29	page 30	page 31	page 32

CHAPTER 2

Addition Using Up to 2 Digits

Name: _____

1. 14
   + 0

2.   3
   + 6

3. 32
   + 5

4. 51
   + 9

5. 15
   + 6

6. 99
   + 1

7.   1
   + 3

8. 89
   + 8

9. 51
   + 6

10. 31
   + 2

11. 46
   + 9

12. 7
   + 6

13. 12
   + 6

14. 72
   + 6

15. 65
   + 5

16. 53
   + 8

17. 10
   + 6

18. 63
   + 6

19. 91
   + 8

20. 22
   + 8

21. 59
   + 3

22. 69
   + 1

23. 50
   + 0

24. 3
   + 9

25. 27
   + 6

CHAPTER 2

Addition Using Up to 2 Digits

Name: _____

26. 77
     + 2

27. 87
     + 5

28. 99
     + 5

29. 67
     + 9

30. 48
     + 3

31. 91
     + 6

32. 97
     + 0

33. 56
     + 3

34. 97
     + 7

35. 40
     + 9

36. 33
     + 2

37.   8
     + 9

38. 35
     + 7

39. 52
     + 1

40. 26
     + 1

41. 80
     + 7

42. 41
     + 0

43. 97
     + 6

44. 44
     + 1

45. 80
     + 2

46. 22
     + 8

47. 91
     + 1

48. 47
     + 1

49. 38
     + 9

50. 82
     + 7

CHAPTER 2
Addition Using Up to 2 Digits

Name: _____

51. 9
   + 4

52. 93
   + 7

53. 85
   + 5

54. 68
   + 9

55. 11
   + 4

56. 47
   + 0

57. 4
   + 4

58. 1
   + 9

59. 28
   + 3

60. 49
   + 5

61. 87
   + 9

62. 60
   + 1

63. 17
   + 8

64. 95
   + 4

65. 45
   + 7

66. 58
   + 4

67. 3
   + 6

68. 64
   + 8

69. 23
   + 9

70. 66
   + 4

71. 13
   + 1

72. 89
   + 9

73. 96
   + 3

74. 62
   + 5

75. 60
   + 0

CHAPTER 2
Addition Using Up to 2 Digits

Name: _____

76. 10
     + 6

77. 39
     + 3

78. 62
     + 5

79. 16
     + 7

80. 14
     + 0

81. 20
     + 9

82. 51
     + 0

83. 95
     + 2

84. 20
     + 2

85. 21
     + 2

86. 37
     + 0

87. 60
     + 9

88. 65
     + 0

89. 69
     + 8

90. 34
     + 8

91. 27
     + 6

92. 58
     + 6

93. 35
     + 8

94. 45
     + 9

95. 40
     + 7

96. 14
     + 5

97. 43
     + 0

98. 39
     + 2

99. 60
     + 8

100. 30
      + 4

CHAPTER 2

Addition Using Up to 2 Digits

Name: _____

101. 78
       + 3

102. 80
       + 9

103. 90
       + 4

104. 94
       + 5

105. 76
       + 6

106. 97
       + 6

107. 84
       + 5

108. 70
       + 7

109. 68
       + 2

110. 21
       + 1

111. 72
       + 2

112. 39
       + 4

113. 33
       + 0

114. 99
       + 7

115. 37
       + 9

116. 26
       + 6

117. 77
       + 3

118. 79
       + 0

119. 80
       + 3

120. 41
       + 8

121. 72
       + 5

122. 93
       + 1

123. 82
       + 2

124. 24
       + 8

125. 89
       + 8

CHAPTER 2
Addition Using Up to 2 Digits

Name: _____

126. 26
     + 5

131. 31
     + 2

136. 46
     + 8

141. 59
     + 4

146. 12
     + 8

127. 60
     + 9

132. 48
     + 8

137. 40
     + 1

142. 51
     + 5

147. 65
     + 9

128. 70
     + 6

133. 10
     + 0

138. 87
     + 1

143. 27
     + 9

148. 87
     + 4

129.   8
     + 4

134. 49
     + 2

139. 98
     + 1

144. 10
     + 5

149. 35
     + 7

130. 15
     + 8

135. 75
     + 4

140. 22
     + 2

145. 29
     + 4

150. 44
     + 7

CHAPTER 2

Addition Using Up to 2 Digits

Name: _____

151. 52
       + 3

156. 96
       + 6

161. 65
       + 7

166. 73
       + 3

171. 25
       + 6

152.   5
       + 2

157. 81
       + 4

162.   6
       + 0

167. 19
       + 7

172. 19
       + 1

153. 21
       + 5

158. 44
       + 6

163.   5
       + 2

168. 76
       + 3

173. 47
       + 7

154. 11
       + 7

159. 17
       + 6

164. 46
       + 8

169. 54
       + 4

174. 50
       + 8

155. 63
       + 7

160. 91
       + 6

165. 47
       + 0

170. 81
       + 3

175. 66
       + 6

CHAPTER 2
Addition Using Up to 2 Digits

Name: _____

176.	74 + 7	**181.**	30 + 8	**186.**	98 + 3	**191.**	56 + 7	**196.**	24 + 2
177.	66 + 3	**182.**	51 + 0	**187.**	3 + 5	**192.**	64 + 8	**197.**	75 + 8
178.	22 + 9	**183.**	54 + 1	**188.**	81 + 0	**193.**	46 + 8	**198.**	41 + 5
179.	24 + 8	**184.**	97 + 6	**189.**	27 + 3	**194.**	86 + 0	**199.**	97 + 3
180.	35 + 3	**185.**	52 + 7	**190.**	76 + 2	**195.**	7 + 3	**200.**	74 + 4

CHAPTER 2
Addition Using Up to 2 Digits

Name: _____

201. 74
     + 4

202. 81
     + 0

203. 24
     + 1

204. 11
     + 5

205. 47
     + 8

206. 17
     + 7

207. 94
     + 7

208.   3
     + 1

209. 81
     + 0

210. 28
     + 2

211. 93
     + 6

212. 28
     + 7

213. 96
     + 1

214. 19
     + 5

215. 89
     + 3

216. 70
     + 3

217. 25
     + 8

218. 74
     + 4

219.   6
     + 5

220. 19
     + 0

221. 47
     + 3

222.   2
     + 1

223. 15
     + 1

224. 27
     + 6

225. 22
     + 9

CHAPTER 2

Addition Using Up to 2 Digits

Name: _____

226.	13 + 0	**231.**	21 + 1	**236.**	84 + 8	**241.**	5 + 0	**246.**	50 + 2
227.	62 + 1	**232.**	9 + 1	**237.**	80 + 1	**242.**	63 + 0	**247.**	51 + 2
228.	6 + 9	**233.**	6 + 9	**238.**	1 + 7	**243.**	64 + 8	**248.**	7 + 1
229.	10 + 3	**234.**	90 + 6	**239.**	5 + 6	**244.**	53 + 3	**249.**	46 + 4
230.	58 + 9	**235.**	49 + 5	**240.**	55 + 8	**245.**	10 + 8	**250.**	71 + 0

EXAMPLES

CHAPTER 3

Addition Using Up to 2 Digits

1.   9
    + 7
    = 16

2.   78
    + 8
    = 86

3.   73
    + 4
    = 77

4.   86
    + 6
    = 92

5.   38
    + 1
    = 39

6.   28
    + 1
    = 29

7.   29
    + 5
    = 34

8.   30
    + 3
    = 33

9.   91
    + 2
    = 93

10. 14
    + 1
    = 15

11. 79
    + 3
    = 82

12. 75
    + 3
    = 78

13. 40
    + 5
    = 45

14. 64
    + 4
    = 68

15. 14
    + 3
    = 17

16. 19
    + 6
    = 25

17. 54
    + 1
    = 55

18. 88
    + 7
    = 95

19. 33
    + 8
    = 41

20. 82
    + 5
    = 87

CHAPTER 3 PROGRESS   Name: _____

(*Graph how many seconds it took you to complete each page)
*use color pencils or color markers to graph your progress.

Number of seconds to complete each page										
160										
144										
128										
112										
96										
80										
64										
48										
32										
16										
Page Number	page 35	page 36	page 37	page 38	page 39	page 40	page 41	page 42	page 43	page 44

CHAPTER 3

Addition Using Up to 2 Digits

Name: _____

1. 57
   + 3

2. 81
   + 2

3. 81
   + 7

4. 94
   + 1

5. 10
   + 5

6. 85
   + 7

7.   1
   + 5

8. 99
   + 5

9.   9
   + 3

10. 88
    + 8

11. 41
    + 4

12. 46
    + 3

13. 99
    + 0

14. 99
    + 3

15. 70
    + 0

16. 58
    + 6

17. 79
    + 5

18. 82
    + 9

19. 63
    + 4

20. 41
    + 8

21. 96
    + 9

22. 59
    + 1

23. 20
    + 6

24. 80
    + 1

25. 87
    + 9

CHAPTER 3

Addition Using Up to 2 Digits

Name: _____

26.   14
     + 5

27.   31
     + 7

28.   90
     + 9

29.   11
     + 1

30.   47
     + 8

31.   40
     + 2

32.   96
     + 1

33.   31
     + 1

34.   5
     + 6

35.   72
     + 7

36.   78
     + 3

37.   47
     + 1

38.   45
     + 0

39.   18
     + 4

40.   41
     + 0

41.   24
     + 8

42.   23
     + 2

43.   18
     + 3

44.   83
     + 6

45.   30
     + 7

46.   50
     + 4

47.   82
     + 3

48.   52
     + 8

49.   39
     + 6

50.   97
     + 4

CHAPTER 3
Addition Using Up to 2 Digits

Name: _____

51. 2
     + 8

52. 39
     + 9

53. 25
     + 2

54. 22
     + 0

55. 52
     + 2

56. 10
     + 6

57. 36
     + 4

58. 69
     + 9

59. 36
     + 8

60. 13
     + 9

61. 96
     + 6

62. 11
     + 6

63. 86
     + 1

64. 82
     + 2

65. 37
     + 0

66. 72
     + 9

67. 67
     + 0

68. 38
     + 4

69. 28
     + 1

70. 26
     + 3

71. 39
     + 3

72. 95
     + 6

73. 38
     + 8

74. 74
     + 8

75. 40
     + 9

CHAPTER 3
Addition Using Up to 2 Digits

Name: _____

76.   69
       + 4

77.   16
       + 0

78.   72
       + 9

79.   80
       + 2

80.   45
       + 5

81.   5
       + 2

82.   59
       + 5

83.   19
       + 0

84.   86
       + 9

85.   52
       + 9

86.   28
       + 8

87.   46
       + 9

88.   57
       + 0

89.   74
       + 3

90.   93
       + 1

91.   44
       + 6

92.   36
       + 8

93.   45
       + 4

94.   31
       + 4

95.   67
       + 5

96.   28
       + 6

97.   99
       + 1

98.   17
       + 8

99.   17
       + 2

100.   6
        + 9

CHAPTER 3

Addition Using Up to 2 Digits

101. 11
      + 1

102. 49
      + 2

103. 34
      + 2

104. 59
      + 2

105. 36
      + 4

106.   2
      + 2

107. 79
      + 1

108. 80
      + 9

109. 67
      + 5

110. 76
      + 9

111. 85
      + 1

112. 32
      + 6

113. 63
      + 3

114. 50
      + 7

115. 70
      + 8

116. 74
      + 7

117. 57
      + 0

118. 68
      + 2

119. 19
      + 5

120. 99
      + 7

121. 41
      + 9

122. 83
      + 9

123. 92
      + 0

124. 59
      + 8

125. 17
      + 2

CHAPTER 3

Addition Using Up to 2 Digits

Name: _____

126. 47
       + 2

127. 64
       + 0

128. 35
       + 9

129. 22
       + 5

130. 11
       + 5

131. 52
       + 1

132. 14
       + 0

133. 87
       + 2

134. 37
       + 8

135. 94
       + 0

136. 38
       + 0

137. 98
       + 9

138. 27
       + 5

139. 25
       + 1

140. 22
       + 5

141. 57
       + 9

142. 65
       + 6

143. 42
       + 6

144. 12
       + 2

145. 57
       + 4

146. 64
       + 6

147. 19
       + 9

148. 53
       + 7

149. 22
       + 6

150. 20
       + 7

CHAPTER 3

Addition Using Up to 2 Digits

Name: _____

151. 60
      + 2

152. 40
      + 5

153. 42
      + 5

154. 25
      + 0

155. 83
      + 0

156. 92
      + 5

157. 11
      + 4

158. 49
      + 4

159. 43
      + 4

160. 79
      + 5

161. 21
      + 2

162. 22
      + 3

163. 39
      + 1

164. 86
      + 6

165. 27
      + 4

166. 60
      + 5

167. 21
      + 7

168. 49
      + 0

169. 34
      + 3

170. 22
      + 4

171. 74
      + 0

172. 22
      + 1

173. 32
      + 0

174. 48
      + 4

175. 57
      + 2

CHAPTER 3
Addition Using Up to 2 Digits

Name: _____

176. 75
       + 9

177. 96
       + 4

178. 51
       + 0

179. 51
       + 5

180. 73
       + 3

181. 59
       + 3

182. 96
       + 3

183. 34
       + 8

184. 26
       + 4

185. 24
       + 7

186. 81
       + 9

187. 71
       + 2

188. 95
       + 0

189. 63
       + 6

190. 60
       + 7

191.   9
       + 5

192. 21
       + 5

193. 34
       + 5

194. 41
       + 8

195. 70
       + 8

196. 45
       + 4

197. 34
       + 8

198. 54
       + 5

199. 44
       + 7

200. 38
       + 8

CHAPTER 3
Addition Using Up to 2 Digits

Name: _____

201.   73
      + 8

202.   14
      + 6

203.   48
      + 9

204.   46
      + 3

205.   78
      + 0

206.   4
      + 2

207.   61
      + 5

208.   11
      + 5

209.   89
      + 4

210.   59
      + 7

211.   88
      + 2

212.   25
      + 5

213.   58
      + 0

214.   72
      + 4

215.   73
      + 8

216.   25
      + 5

217.   62
      + 9

218.   6
      + 6

219.   94
      + 6

220.   56
      + 3

221.   65
      + 7

222.   68
      + 1

223.   38
      + 0

224.   76
      + 9

225.   79
      + 1

CHAPTER 3
Addition Using Up to 2 Digits

Name: _____

226. 89
      + 4

227.   9
      + 7

228. 35
      + 1

229.   9
      + 9

230.   9
      + 2

231. 76
      + 5

232. 82
      + 9

233. 60
      + 7

234. 77
      + 7

235. 73
      + 0

236.   3
      + 4

237. 16
      + 1

238. 23
      + 1

239. 90
      + 4

240. 57
      + 6

241. 22
      + 1

242. 94
      + 6

243. 34
      + 3

244. 42
      + 7

245. 61
      + 6

246. 47
      + 9

247. 32
      + 7

248. 90
      + 7

249. 22
      + 0

250. 74
      + 3

EXAMPLES CHAPTER 4

Addition Using Up to 2 Digits

1. 55
    + 4
    = 59

2. 64
    + 5
    = 69

3. 54
    + 9
    = 63

4. 40
    + 2
    = 42

5. 24
    + 2
    = 26

6. 49
    + 0
    = 49

7. 33
    + 3
    = 36

8. 68
    + 1
    = 69

9. 93
    + 0
    = 93

10. 14
    + 6
    = 20

11. 66
    + 5
    = 71

12. 25
    + 5
    = 30

13. 21
    + 6
    = 27

14. 43
    + 4
    = 47

15. 82
    + 8
    = 90

16. 13
    + 0
    = 13

17. 45
    + 6
    = 51

18. 17
    + 0
    = 17

19. 9
    + 8
    = 17

20. 14
    + 6
    = 20

CHAPTER 4 PROGRESS   Name: _____

(*Graph how many seconds it took you to complete each page)
*use color pencils or color markers to graph your progress.

Number of seconds to complete each page										
160										
144										
128										
112										
96										
80										
64										
48										
32										
16										
Page Number	page 47	page 48	page 49	page 50	page 51	page 52	page 53	page 54	page 55	page 56

CHAPTER 4

Name: _____

Addition Using Up to 2 Digits

1. 82
    + 5

2. 38
    + 1

3. 74
    + 7

4. 27
    + 1

5. 10
    + 7

6. 43
    + 1

7. 36
    + 4

8. 12
    + 8

9. 31
    + 3

10. 50
    + 0

11. 14
    + 5

12. 74
    + 6

13. 84
    + 7

14. 53
    + 6

15. 92
    + 5

16. 7
    + 5

17. 60
    + 0

18. 48
    + 1

19. 41
    + 1

20. 81
    + 1

21. 69
    + 2

22. 16
    + 4

23. 83
    + 8

24. 95
    + 0

25. 86
    + 6

CHAPTER 4
Addition Using Up to 2 Digits

Name: _____

26. 12
    + 3

27. 65
    + 4

28. 96
    + 3

29. 10
    + 7

30. 58
    + 5

31. 50
    + 4

32. 62
    + 1

33. 19
    + 9

34. 65
    + 8

35. 84
    + 6

36. 13
    + 2

37. 86
    + 9

38. 27
    + 4

39. 10
    + 7

40. 80
    + 4

41. 36
    + 7

42. 86
    + 5

43. 97
    + 1

44. 66
    + 9

45. 93
    + 9

46. 88
    + 0

47. 88
    + 1

48. 42
    + 6

49. 69
    + 2

50. 10
    + 8

CHAPTER 4
Addition Using Up to 2 Digits

Name: _____

51.	56 + 6	**56.**	65 + 3	**61.**	47 + 4	**66.**	72 + 3	**71.**	92 + 9
52.	64 + 3	**57.**	51 + 4	**62.**	98 + 1	**67.**	8 + 9	**72.**	56 + 0
53.	53 + 9	**58.**	78 + 5	**63.**	84 + 2	**68.**	3 + 5	**73.**	86 + 8
54.	71 + 0	**59.**	15 + 6	**64.**	56 + 3	**69.**	17 + 7	**74.**	74 + 2
55.	34 + 7	**60.**	19 + 6	**65.**	89 + 9	**70.**	9 + 4	**75.**	49 + 7

CHAPTER 4

Addition Using Up to 2 Digits

Name: _____

76. 50
     + 4

77. 76
     + 6

78. 20
     + 8

79. 54
     + 2

80.   5
     + 5

81. 76
     + 0

82. 49
     + 4

83. 27
     + 2

84. 90
     + 6

85. 32
     + 2

86. 66
     + 1

87. 25
     + 9

88. 18
     + 9

89. 64
     + 5

90. 17
     + 7

91. 25
     + 8

92. 80
     + 3

93.   4
     + 8

94. 32
     + 2

95. 14
     + 8

96. 36
     + 6

97. 69
     + 6

98. 20
     + 2

99. 54
     + 4

100. 97
     + 6

CHAPTER 4

Addition Using Up to 2 Digits

Name: _____

101. 83
       + 4

102. 80
       + 7

103. 64
       + 9

104. 45
       + 1

105. 28
       + 2

106. 31
       + 3

107. 67
       + 4

108. 79
       + 3

109. 89
       + 3

110. 26
       + 0

111. 67
       + 0

112. 87
       + 1

113. 71
       + 9

114. 88
       + 3

115. 58
       + 5

116. 62
       + 5

117. 20
       + 4

118.   8
       + 4

119. 42
       + 3

120. 63
       + 5

121. 61
       + 9

122. 97
       + 4

123. 69
       + 1

124. 23
       + 9

125. 94
       + 3

CHAPTER 4

Addition Using Up to 2 Digits

Name: _____

126.	59 + 5	**131.**	11 + 3	**136.**	72 + 7	**141.**	65 + 4	**146.**	82 + 2
127.	57 + 6	**132.**	62 + 2	**137.**	16 + 5	**142.**	77 + 6	**147.**	40 + 2
128.	18 + 0	**133.**	96 + 4	**138.**	74 + 5	**143.**	26 + 5	**148.**	36 + 7
129.	23 + 9	**134.**	28 + 6	**139.**	34 + 1	**144.**	3 + 5	**149.**	53 + 9
130.	52 + 9	**135.**	55 + 8	**140.**	67 + 2	**145.**	77 + 8	**150.**	59 + 2

CHAPTER 4
Addition Using Up to 2 Digits

Name: _____

151. 82
   + 5

152. 57
   + 9

153. 35
   + 8

154.   7
   + 4

155. 71
   + 8

156. 14
   + 5

157. 19
   + 4

158. 69
   + 0

159. 53
   + 4

160. 53
   + 0

161. 47
   + 5

162. 84
   + 3

163. 16
   + 5

164. 93
   + 1

165. 24
   + 6

166.   4
   + 8

167.   2
   + 0

168. 29
   + 6

169.   5
   + 7

170. 45
   + 5

171. 51
   + 4

172. 97
   + 0

173. 62
   + 0

174. 37
   + 5

175.   8
   + 1

CHAPTER 4
Addition Using Up to 2 Digits

Name: _____

176. 75
       + 8

181. 82
       + 1

186. 85
       + 2

191. 93
       + 5

196. 87
       + 0

177. 38
       + 3

182. 28
       + 0

187. 93
       + 9

192. 49
       + 0

197. 55
       + 7

178. 96
       + 8

183. 71
       + 4

188. 48
       + 8

193. 23
       + 1

198. 90
       + 5

179. 51
       + 9

184. 65
       + 7

189. 49
       + 5

194.   2
       + 7

199. 10
       + 7

180. 86
       + 1

185. 25
       + 4

190. 20
       + 1

195.   9
       + 7

200.   2
       + 0

CHAPTER 4

Addition Using Up to 2 Digits

Name: _____

201. 56
      + 2

202. 93
      + 5

203. 85
      + 9

204. 92
      + 8

205. 40
      + 8

206. 69
      + 1

207. 46
      + 3

208. 28
      + 9

209. 19
      + 6

210. 64
      + 8

211. 52
      + 2

212. 37
      + 0

213. 49
      + 9

214. 49
      + 7

215. 12
      + 1

216. 90
      + 8

217. 21
      + 0

218.   5
      + 8

219. 89
      + 6

220. 32
      + 3

221.   1
      + 1

222. 66
      + 4

223. 13
      + 2

224.   1
      + 4

225. 11
      + 5

CHAPTER 4
Addition Using Up to 2 Digits

Name: _____

226. 91
      + 2

231. 36
      + 0

236. 85
      + 4

241. 63
      + 2

246. 16
      + 1

227. 77
      + 0

232. 44
      + 1

237. 11
      + 0

242.   3
      + 2

247. 68
      + 2

228. 36
      + 0

233. 79
      + 9

238. 45
      + 6

243. 24
      + 8

248. 89
      + 4

229. 69
      + 2

234.   9
      + 1

239. 73
      + 1

244. 22
      + 6

249. 68
      + 7

230. 17
      + 6

235. 32
      + 1

240. 95
      + 7

245. 53
      + 2

250. 80
      + 3

EXAMPLES

CHAPTER 5

Addition Using Up to 2 Digits

1. 41 + 2 = 43
2. 77 + 8 = 85
3. 78 + 5 = 83
4. 42 + 3 = 45
5. 20 + 1 = 21

6. 18 + 4 = 22
7. 77 + 1 = 78
8. 58 + 7 = 65
9. 80 + 2 = 82
10. 63 + 1 = 64

11. 38 + 8 = 46
12. 28 + 0 = 28
13. 68 + 8 = 76
14. 15 + 6 = 21
15. 9 + 6 = 15

16. 20 + 7 = 27
17. 67 + 0 = 67
18. 15 + 9 = 24
19. 56 + 9 = 65
20. 47 + 5 = 52

CHAPTER 5 PROGRESS

Name: _____

(*Graph how many seconds it took you to complete each page)
*use color pencils or color markers to graph your progress.

	page 59	page 60	page 61	page 62	page 63	page 64	page 65	page 66	page 67	page 68
160										
144										
128										
112										
96										
80										
64										
48										
32										
16										

Y-axis: Number of seconds to complete each page
X-axis: Page Number

CHAPTER 5

Addition Using Up to 2 Digits

Name: _____

1. 82
    + 2

2. 87
    + 1

3. 65
    + 8

4. 49
    + 3

5. 47
    + 1

6. 17
    + 4

7. 86
    + 3

8. 40
    + 2

9. 95
    + 3

10. 60
    + 7

11. 96
    + 1

12. 94
    + 9

13. 45
    + 4

14. 55
    + 3

15. 49
    + 4

16. 16
    + 1

17. 83
    + 8

18. 40
    + 6

19. 83
    + 0

20. 16
    + 3

21. 15
    + 8

22. 40
    + 1

23. 15
    + 4

24. 23
    + 8

25. 92
    + 2

CHAPTER 5
Addition Using Up to 2 Digits

Name: _____

26. 69
     + 0

27.   2
     + 3

28.   3
     + 9

29. 90
     + 6

30. 79
     + 6

31. 77
     + 7

32. 70
     + 6

33. 94
     + 3

34. 25
     + 9

35. 65
     + 2

36. 78
     + 0

37. 67
     + 9

38. 11
     + 8

39. 88
     + 4

40. 93
     + 2

41. 48
     + 8

42. 59
     + 4

43.   2
     + 4

44. 15
     + 6

45.   2
     + 1

46. 61
     + 4

47.   7
     + 1

48. 65
     + 3

49. 25
     + 9

50. 92
     + 7

CHAPTER 5
Addition Using Up to 2 Digits

Name: _____

51. 27
       + 3

52. 62
       + 0

53. 91
       + 9

54. 21
       + 4

55. 41
       + 1

56. 26
       + 8

57. 36
       + 0

58. 14
       + 2

59. 50
       + 8

60.   2
       + 1

61. 63
       + 8

62. 85
       + 4

63. 43
       + 6

64. 26
       + 9

65. 78
       + 9

66. 45
       + 9

67. 38
       + 1

68. 75
       + 3

69. 71
       + 2

70. 95
       + 4

71. 93
       + 8

72. 79
       + 6

73. 34
       + 5

74. 82
       + 5

75. 84
       + 2

CHAPTER 5

Addition Using Up to 2 Digits

Name: _____

76.   1
      + 5

77.   96
      + 8

78.   46
      + 5

79.   2
      + 3

80.   86
      + 9

81.   88
      + 1

82.   98
      + 1

83.   66
      + 3

84.   51
      + 3

85.   91
      + 0

86.   61
      + 6

87.   11
      + 8

88.   22
      + 8

89.   98
      + 9

90.   10
      + 3

91.   73
      + 0

92.   16
      + 8

93.   9
      + 4

94.   77
      + 2

95.   89
      + 6

96.   52
      + 5

97.   73
      + 9

98.   70
      + 7

99.   20
      + 2

100. 53
      + 4

CHAPTER 5

Addition Using Up to 2 Digits

Name: _____

101.	78 + 3	**106.**	19 + 1	**111.**	45 + 0	**116.**	27 + 0	**121.**	65 + 7
102.	73 + 7	**107.**	81 + 7	**112.**	82 + 5	**117.**	92 + 1	**122.**	79 + 6
103.	16 + 3	**108.**	77 + 8	**113.**	19 + 1	**118.**	69 + 7	**123.**	93 + 7
104.	67 + 1	**109.**	35 + 7	**114.**	97 + 7	**119.**	22 + 2	**124.**	12 + 9
105.	68 + 4	**110.**	77 + 7	**115.**	3 + 3	**120.**	66 + 8	**125.**	6 + 0

CHAPTER 5

Addition Using Up to 2 Digits

Name: _____

126.	26 + 8	**131.**	62 + 6	**136.**	74 + 9	**141.**	56 + 2	**146.**	13 + 9
127.	47 + 7	**132.**	45 + 4	**137.**	75 + 3	**142.**	74 + 5	**147.**	67 + 0
128.	14 + 7	**133.**	9 + 5	**138.**	92 + 1	**143.**	34 + 4	**148.**	26 + 4
129.	87 + 1	**134.**	85 + 2	**139.**	88 + 6	**144.**	70 + 6	**149.**	61 + 4
130.	72 + 7	**135.**	22 + 0	**140.**	14 + 4	**145.**	77 + 0	**150.**	85 + 0

CHAPTER 5
Addition Using Up to 2 Digits

Name: _____

151. 2
     + 1

152. 54
     + 5

153. 58
     + 2

154. 56
     + 9

155. 22
     + 5

156. 51
     + 3

157. 62
     + 5

158. 32
     + 0

159. 91
     + 8

160. 87
     + 9

161. 9
     + 3

162. 62
     + 1

163. 65
     + 2

164. 44
     + 4

165. 84
     + 6

166. 30
     + 6

167. 58
     + 9

168. 13
     + 3

169. 83
     + 1

170. 61
     + 6

171. 87
     + 8

172. 6
     + 9

173. 52
     + 6

174. 82
     + 1

175. 83
     + 1

CHAPTER 5
Addition Using Up to 2 Digits

Name: _____

176.	19 + 7	**181.**	47 + 4	**186.**	35 + 9	**191.**	63 + 1	**196.**	27 + 1
177.	99 + 5	**182.**	40 + 9	**187.**	73 + 2	**192.**	33 + 5	**197.**	71 + 9
178.	62 + 2	**183.**	56 + 6	**188.**	28 + 9	**193.**	59 + 4	**198.**	62 + 4
179.	81 + 6	**184.**	5 + 8	**189.**	65 + 4	**194.**	77 + 9	**199.**	37 + 7
180.	92 + 5	**185.**	32 + 7	**190.**	82 + 5	**195.**	34 + 8	**200.**	89 + 8

CHAPTER 5

Addition Using Up to 2 Digits

Name: _____

201. 90 + 8

206. 65 + 5

211. 39 + 5

216. 99 + 0

221. 54 + 8

202. 23 + 7

207. 66 + 4

212. 50 + 3

217. 8 + 5

222. 12 + 1

203. 40 + 1

208. 19 + 5

213. 6 + 6

218. 71 + 3

223. 51 + 0

204. 16 + 1

209. 51 + 7

214. 70 + 4

219. 72 + 5

224. 99 + 9

205. 46 + 8

210. 96 + 1

215. 34 + 8

220. 69 + 6

225. 59 + 6

CHAPTER 5
Addition Using Up to 2 Digits

Name: _____

226.   27
      + 0
	231. 74
	      + 2
		236. 60
		      + 7
			241. 51
			      + 4
				246. 41
				      + 5

227.   9
      + 7
	232. 54
	      + 8
		237. 64
		      + 3
			242. 74
			      + 7
				247. 34
				      + 7

228.   46
      + 0
	233. 10
	      + 7
		238. 75
		      + 1
			243. 35
			      + 6
				248. 75
				      + 5

229.   39
      + 8
	234. 97
	      + 5
		239. 61
		      + 8
			244. 75
			      + 7
				249. 97
				      + 0

230.   78
      + 2
	235. 48
	      + 3
		240. 26
		      + 6
			245. 33
			      + 6
				250. 94
				      + 6

EXAMPLES

CHAPTER 6

Addition Using Up to 2 Digits

1. 51
    + 0
    = 51

2. 66
    + 5
    = 71

3. 37
    + 2
    = 39

4. 32
    + 3
    = 35

5. 24
    + 7
    = 31

6. 39
    + 5
    = 44

7. 65
    + 3
    = 68

8. 36
    + 3
    = 39

9. 65
    + 2
    = 67

10. 15
    + 8
    = 23

11. 29
    + 9
    = 38

12. 95
    + 5
    = 100

13. 22
    + 1
    = 23

14. 26
    + 4
    = 30

15. 27
    + 4
    = 31

16. 28
    + 2
    = 30

17. 56
    + 9
    = 65

18. 58
    + 1
    = 59

19. 3
    + 4
    = 7

20. 12
    + 6
    = 18

CHAPTER 6 PROGRESS   Name: _____

(*Graph how many seconds it took you to complete each page)
*use color pencils or color markers to graph your progress.

Number of seconds to complete each page (y-axis): 16, 32, 48, 64, 80, 96, 112, 128, 144, 160

Page Number	page 71	page 72	page 73	page 74	page 75	page 76	page 77	page 78	page 79	page 80

CHAPTER 6

Addition Using Up to 2 Digits

Name: _____

1. 33
   + 5

2. 29
   + 3

3. 74
   + 6

4. 32
   + 3

5. 10
   + 0

6. 55
   + 9

7. 71
   + 6

8. 61
   + 6

9. 86
   + 5

10. 71
   + 0

11. 57
   + 7

12. 41
   + 2

13. 20
   + 2

14. 44
   + 7

15. 11
   + 4

16. 76
   + 7

17. 93
   + 7

18. 19
   + 0

19. 68
   + 7

20. 51
   + 1

21. 29
   + 4

22. 47
   + 4

23. 19
   + 0

24. 78
   + 2

25. 14
   + 0

CHAPTER 6

Addition Using Up to 2 Digits

Name: _____

26. 96
     + 8

31. 96
     + 1

36. 64
     + 5

41. 68
     + 9

46. 50
     + 7

27. 75
     + 0

32. 57
     + 9

37. 55
     + 6

42. 52
     + 7

47.   1
     + 3

28. 11
     + 4

33. 61
     + 3

38. 11
     + 8

43.   6
     + 1

48. 20
     + 0

29. 95
     + 2

34. 14
     + 4

39. 41
     + 0

44. 94
     + 6

49. 73
     + 4

30. 92
     + 8

35. 56
     + 3

40. 59
     + 5

45. 86
     + 8

50.   7
     + 4

CHAPTER 6

Addition Using Up to 2 Digits

Name: _____

51. 27
      + 6

52.   6
      + 1

53. 90
      + 0

54. 94
      + 1

55. 53
      + 2

56. 17
      + 9

57. 50
      + 3

58. 72
      + 4

59.   5
      + 0

60. 29
      + 2

61.   3
      + 0

62. 77
      + 5

63. 90
      + 3

64. 64
      + 7

65. 16
      + 3

66. 45
      + 7

67. 97
      + 2

68. 18
      + 5

69. 59
      + 6

70. 59
      + 9

71. 32
      + 2

72. 70
      + 0

73.   9
      + 0

74. 44
      + 7

75. 58
      + 5

CHAPTER 6
Addition Using Up to 2 Digits

Name: _____

76. 66
     + 3

81. 41
     + 1

86. 69
     + 9

91. 54
     + 6

96. 43
     + 3

77. 95
     + 4

82. 25
     + 4

87. 10
     + 8

92. 28
     + 6

97. 98
     + 4

78. 48
     + 8

83. 97
     + 4

88. 91
     + 0

93. 40
     + 4

98. 42
     + 5

79. 54
     + 8

84. 45
     + 0

89. 37
     + 7

94. 61
     + 9

99. 23
     + 8

80. 70
     + 2

85. 97
     + 3

90. 99
     + 4

95. 36
     + 4

100. 62
     + 0

CHAPTER 6

Addition Using Up to 2 Digits

Name: _____

101. 54
       + 6

102.   1
       + 6

103. 97
       + 3

104. 11
       + 9

105. 25
       + 9

106. 15
       + 6

107. 41
       + 5

108. 19
       + 8

109. 83
       + 5

110. 14
       + 2

111. 73
       + 0

112. 86
       + 7

113. 18
       + 3

114. 36
       + 3

115. 94
       + 9

116. 72
       + 3

117. 29
       + 1

118. 17
       + 2

119. 53
       + 3

120. 40
       + 5

121. 21
       + 0

122. 54
       + 0

123.   8
       + 8

124. 77
       + 4

125. 41
       + 6

CHAPTER 6
Addition Using Up to 2 Digits

Name: _____

126. 53 + 0

127. 49 + 5

128. 29 + 5

129. 96 + 9

130. 67 + 1

131. 67 + 2

132. 16 + 2

133. 77 + 1

134. 48 + 6

135. 8 + 6

136. 19 + 9

137. 73 + 0

138. 44 + 2

139. 73 + 7

140. 44 + 4

141. 78 + 6

142. 70 + 0

143. 88 + 3

144. 61 + 7

145. 83 + 5

146. 70 + 4

147. 33 + 3

148. 23 + 0

149. 62 + 9

150. 59 + 7

CHAPTER 6

Addition Using Up to 2 Digits

Name: _____

151.   15
         + 5

156.   98
         + 4

161.   18
         + 0

166.   34
         + 0

171.   80
         + 9

152.   66
         + 7

157.   81
         + 9

162.   31
         + 8

167.   77
         + 8

172.   28
         + 4

153.   95
         + 6

158.   31
         + 6

163.   88
         + 9

168.   71
         + 5

173.   85
         + 6

154.   88
         + 7

159.   3
         + 3

164.   41
         + 2

169.   4
         + 1

174.   62
         + 3

155.   5
         + 0

160.   34
         + 4

165.   89
         + 5

170.   89
         + 9

175.   38
         + 5

CHAPTER 6
Addition Using Up to 2 Digits

Name: _____

176.	46 + 8	**181.**	37 + 8	**186.**	72 + 5	**191.**	87 + 5	**196.**	15 + 2
177.	9 + 6	**182.**	97 + 6	**187.**	29 + 3	**192.**	28 + 4	**197.**	77 + 9
178.	89 + 6	**183.**	8 + 0	**188.**	46 + 3	**193.**	99 + 6	**198.**	39 + 0
179.	83 + 2	**184.**	55 + 9	**189.**	19 + 9	**194.**	64 + 5	**199.**	61 + 1
180.	39 + 3	**185.**	83 + 1	**190.**	44 + 0	**195.**	92 + 9	**200.**	89 + 2

CHAPTER 6

Addition Using Up to 2 Digits

Name: _____

201. 32
     + 7

206. 78
     + 1

211. 97
     + 7

216. 46
     + 0

221. 14
     + 9

202.   9
     + 8

207. 79
     + 1

212. 80
     + 7

217. 91
     + 5

222. 64
     + 0

203. 62
     + 3

208. 41
     + 3

213. 63
     + 7

218. 45
     + 1

223. 24
     + 5

204. 93
     + 6

209. 24
     + 3

214. 17
     + 9

219. 88
     + 5

224. 32
     + 0

205. 64
     + 4

210. 74
     + 4

215. 18
     + 9

220. 62
     + 6

225. 75
     + 4

CHAPTER 6

Addition Using Up to 2 Digits

Name: _____

226. 20 + 0

227. 82 + 6

228. 89 + 0

229. 53 + 9

230. 76 + 9

231. 84 + 7

232. 55 + 6

233. 64 + 2

234. 81 + 1

235. 42 + 0

236. 70 + 7

237. 44 + 8

238. 59 + 3

239. 70 + 3

240. 96 + 4

241. 13 + 3

242. 87 + 0

243. 38 + 6

244. 55 + 9

245. 28 + 6

246. 62 + 2

247. 79 + 2

248. 65 + 9

249. 99 + 1

250. 1 + 0

EXAMPLES

CHAPTER 7

Addition Using Up to 2 Digits

1. 25
   + 1
   = 26

2. 72
   + 4
   = 76

3. 50
   + 1
   = 51

4. 49
   + 0
   = 49

5. 70
   + 1
   = 71

6. 69
   + 0
   = 69

7. 45
   + 0
   = 45

8. 74
   + 4
   = 78

9. 33
   + 5
   = 38

10. 29
    + 0
    = 29

11. 9
    + 5
    = 14

12. 74
    + 7
    = 81

13. 54
    + 2
    = 56

14. 1
    + 7
    = 8

15. 46
    + 7
    = 53

16. 59
    + 6
    = 65

17. 66
    + 0
    = 66

18. 60
    + 9
    = 69

19. 8
    + 6
    = 14

20. 57
    + 9
    = 66

CHAPTER 7 PROGRESS   Name: _____

(*Graph how many seconds it took you to complete each page)
*use color pencils or color markers to graph your progress.

Number of seconds to complete each page	160 144 128 112 96 80 64 48 32 16									
Page Number	page 83	page 84	page 85	page 86	page 87	page 88	page 89	page 90	page 91	page 92

CHAPTER 7
Addition Using Up to 2 Digits

Name: _____

1. 24
   + 6

2. 50
   + 7

3. 81
   + 5

4. 81
   + 8

5. 40
   + 7

6. 76
   + 4

7. 16
   + 4

8. 77
   + 3

9. 93
   + 8

10. 75
   + 2

11. 77
   + 6

12. 69
   + 5

13. 42
   + 5

14. 71
   + 5

15. 58
   + 7

16. 23
   + 8

17. 69
   + 9

18. 15
   + 6

19. 49
   + 7

20. 44
   + 6

21. 98
   + 4

22. 17
   + 6

23. 46
   + 7

24. 5
   + 2

25. 94
   + 7

CHAPTER 7
Addition Using Up to 2 Digits

Name: _____

26. 63
   + 0

27.   5
   + 6

28. 37
   + 5

29. 62
   + 7

30. 77
   + 2

31. 14
   + 1

32. 74
   + 6

33. 39
   + 8

34. 23
   + 2

35. 68
   + 6

36. 44
   + 2

37. 77
   + 0

38. 75
   + 9

39. 43
   + 6

40. 14
   + 6

41. 33
   + 8

42. 20
   + 0

43. 53
   + 3

44. 80
   + 1

45. 54
   + 2

46. 51
   + 6

47. 51
   + 4

48. 52
   + 5

49. 62
   + 1

50. 73
   + 0

CHAPTER 7
Addition Using Up to 2 Digits

Name: _____

51. 80
     + 4

56. 76
     + 9

61. 18
     + 5

66. 38
     + 5

71. 70
     + 6

52. 33
     + 5

57. 72
     + 0

62. 67
     + 0

67. 56
     + 5

72. 12
     + 1

53. 11
     + 1

58.   1
     + 2

63. 61
     + 2

68.   7
     + 6

73. 31
     + 1

54.   1
     + 5

59. 95
     + 6

64. 52
     + 6

69. 51
     + 2

74. 74
     + 0

55. 89
     + 1

60. 57
     + 7

65. 80
     + 1

70. 39
     + 3

75. 25
     + 6

CHAPTER 7
Addition Using Up to 2 Digits

Name: _____

76. 71
     + 8

77. 99
     + 9

78. 77
     + 6

79. 30
     + 0

80. 82
     + 2

81. 14
     + 2

82. 94
     + 4

83. 20
     + 1

84.   4
     + 7

85. 81
     + 8

86.   7
     + 2

87. 91
     + 7

88. 91
     + 7

89. 26
     + 3

90. 46
     + 1

91. 33
     + 3

92. 85
     + 6

93. 91
     + 0

94. 46
     + 8

95. 76
     + 7

96. 32
     + 7

97. 16
     + 6

98. 67
     + 2

99. 52
     + 2

100. 38
      + 7

CHAPTER 7
Addition Using Up to 2 Digits

Name: _____

101. 22
     + 7

102. 41
     + 8

103. 58
     + 3

104. 92
     + 8

105. 86
     + 1

106. 28
     + 5

107. 81
     + 7

108. 72
     + 1

109. 22
     + 4

110. 48
     + 4

111. 17
     + 2

112. 38
     + 5

113. 36
     + 2

114. 62
     + 9

115.   1
     + 6

116. 66
     + 8

117. 75
     + 8

118. 15
     + 9

119. 95
     + 6

120. 63
     + 3

121. 60
     + 8

122. 26
     + 6

123. 87
     + 6

124. 61
     + 5

125. 88
     + 6

CHAPTER 7

Addition Using Up to 2 Digits

Name: _____

126. 54
       + 6

131. 51
       + 7

136. 79
       + 2

141. 57
       + 9

146. 60
       + 6

127. 75
       + 4

132. 57
       + 5

137. 42
       + 8

142. 11
       + 8

147. 44
       + 9

128. 50
       + 3

133. 49
       + 8

138. 39
       + 7

143. 58
       + 8

148. 74
       + 2

129. 55
       + 8

134. 77
       + 6

139. 73
       + 7

144. 21
       + 7

149. 42
       + 5

130. 80
       + 7

135. 32
       + 4

140. 76
       + 2

145. 16
       + 7

150. 52
       + 4

CHAPTER 7
Addition Using Up to 2 Digits

Name: _____

151.   16
         + 0

156.   11
         + 3

161.   93
         + 7

166.   18
         + 7

171.   46
         + 7

152.   79
         + 1

157.   50
         + 2

162.   21
         + 9

167.   10
         + 2

172.   32
         + 0

153.   64
         + 8

158.   2
         + 0

163.   9
         + 2

168.   16
         + 9

173.   32
         + 3

154.   76
         + 9

159.   94
         + 5

164.   7
         + 3

169.   37
         + 4

174.   89
         + 8

155.   66
         + 1

160.   55
         + 8

165.   3
         + 4

170.   82
         + 0

175.   23
         + 5

CHAPTER 7

Addition Using Up to 2 Digits

Name: _____

176. 6 + 8

177. 93 + 1

178. 15 + 4

179. 1 + 7

180. 78 + 6

181. 74 + 4

182. 45 + 4

183. 3 + 3

184. 62 + 7

185. 43 + 7

186. 70 + 7

187. 86 + 5

188. 99 + 2

189. 90 + 0

190. 99 + 8

191. 14 + 8

192. 36 + 9

193. 84 + 9

194. 56 + 9

195. 33 + 7

196. 3 + 8

197. 53 + 4

198. 72 + 6

199. 74 + 8

200. 17 + 3

CHAPTER 7
Addition Using Up to 2 Digits

Name: _____

201. 69
       + 0

202. 59
       + 5

203. 66
       + 6

204. 76
       + 0

205. 65
       + 1

206. 53
       + 5

207. 39
       + 8

208. 62
       + 9

209. 94
       + 8

210. 83
       + 8

211. 23
       + 8

212. 41
       + 0

213. 18
       + 1

214. 46
       + 8

215. 26
       + 0

216. 82
       + 3

217. 54
       + 9

218. 12
       + 9

219. 48
       + 2

220. 77
       + 4

221. 12
       + 0

222. 52
       + 8

223. 78
       + 6

224.   2
       + 2

225. 57
       + 2

CHAPTER 7

Addition Using Up to 2 Digits

Name: _____

226. 97
  + 9

231. 84
  + 1

236. 76
  + 0

241. 46
  + 2

246. 42
  + 8

227. 36
  + 6

232. 96
  + 2

237. 35
  + 2

242. 90
  + 1

247. 85
  + 8

228. 23
  + 0

233. 53
  + 4

238. 40
  + 0

243. 70
  + 9

248. 70
  + 3

229. 58
  + 4

234. 40
  + 1

239.   1
  + 5

244. 93
  + 5

249. 31
  + 5

230. 84
  + 1

235. 21
  + 1

240. 52
  + 9

245. 28
  + 1

250.   3
  + 8

EXAMPLES

CHAPTER 8

Addition Using Up to 2 Digits

1. 78 + 9 = **87**
2. 83 + 6 = **89**
3. 92 + 2 = **94**
4. 67 + 0 = **67**
5. 84 + 9 = **93**

6. 63 + 6 = **69**
7. 54 + 3 = **57**
8. 3 + 0 = **3**
9. 90 + 8 = **98**
10. 1 + 3 = **4**

11. 25 + 2 = **27**
12. 27 + 9 = **36**
13. 27 + 1 = **28**
14. 26 + 3 = **29**
15. 33 + 3 = **36**

16. 34 + 9 = **43**
17. 92 + 9 = **101**
18. 15 + 7 = **22**
19. 77 + 6 = **83**
20. 68 + 6 = **74**

CHAPTER 8 PROGRESS Name: _____

(*Graph how many seconds it took you to complete each page)
*use color pencils or color markers to graph your progress.

Number of seconds to complete each page										
160										
144										
128										
112										
96										
80										
64										
48										
32										
16										
Page Number	page 95	page 96	page 97	page 98	page 99	page 100	page 101	page 102	page 103	page 104

CHAPTER 8
Addition Using Up to 2 Digits

1. 68 + 5
2. 36 + 4
3. 70 + 5
4. 16 + 1
5. 3 + 0

6. 30 + 1
7. 48 + 1
8. 62 + 6
9. 96 + 6
10. 83 + 8

11. 10 + 5
12. 34 + 5
13. 29 + 6
14. 98 + 4
15. 25 + 8

16. 53 + 5
17. 58 + 6
18. 34 + 7
19. 7 + 8
20. 80 + 9

21. 70 + 9
22. 90 + 3
23. 3 + 4
24. 10 + 5
25. 70 + 6

CHAPTER 8

Addition Using Up to 2 Digits

Name: _____

26. 83
    + 0

27. 90
    + 1

28. 30
    + 1

29. 24
    + 5

30. 89
    + 7

31. 61
    + 5

32. 18
    + 5

33. 67
    + 4

34. 27
    + 1

35. 59
    + 5

36. 62
    + 8

37. 34
    + 9

38. 38
    + 7

39. 14
    + 7

40. 46
    + 8

41. 37
    + 1

42. 25
    + 1

43. 46
    + 7

44. 38
    + 6

45.   2
    + 5

46. 72
    + 2

47. 72
    + 8

48.   7
    + 5

49. 13
    + 7

50. 16
    + 7

CHAPTER 8
Addition Using Up to 2 Digits

Name: _____

51. 69
    + 9

52. 74
    + 9

53. 76
    + 3

54. 34
    + 1

55. 49
    + 9

56. 68
    + 7

57. 22
    + 2

58. 20
    + 6

59. 54
    + 0

60. 53
    + 6

61. 52
    + 3

62. 96
    + 7

63. 34
    + 8

64. 22
    + 5

65. 43
    + 0

66. 67
    + 2

67. 73
    + 4

68.   7
    + 1

69. 62
    + 5

70. 10
    + 4

71. 22
    + 0

72. 42
    + 6

73. 13
    + 1

74. 41
    + 1

75.   8
    + 9

CHAPTER 8

Addition Using Up to 2 Digits

Name: _____

76.   21
       + 1

77.   14
       + 4

78.   18
       + 2

79.   20
       + 2

80.   9
       + 3

81.   98
       + 6

82.   72
       + 6

83.   72
       + 0

84.   61
       + 5

85.   4
       + 1

86.   19
       + 8

87.   3
       + 4

88.   72
       + 9

89.   44
       + 6

90.   9
       + 0

91.   70
       + 4

92.   11
       + 4

93.   76
       + 9

94.   36
       + 3

95.   90
       + 4

96.   73
       + 8

97.   11
       + 4

98.   42
       + 4

99.   46
       + 7

100. 95
       + 7

CHAPTER 8

Addition Using Up to 2 Digits

Name: _____

101.   1
      + 4

102.   18
      + 6

103.   73
      + 0

104.   55
      + 0

105.   95
      + 2

106.   91
      + 0

107.   45
      + 9

108.   43
      + 2

109.   43
      + 1

110.   44
      + 4

111.   18
      + 0

112.   14
      + 7

113.   85
      + 8

114.   81
      + 0

115.   88
      + 7

116.   65
      + 1

117.   48
      + 1

118.   99
      + 6

119.   21
      + 9

120.   69
      + 8

121.   21
      + 6

122.   9
      + 7

123.   48
      + 6

124.   3
      + 2

125.   57
      + 3

CHAPTER 8
Addition Using Up to 2 Digits

Name: _____

126.	7 + 5	**131.**	18 + 1	**136.**	55 + 1	**141.**	45 + 8	**146.**	97 + 0
127.	77 + 4	**132.**	73 + 4	**137.**	20 + 0	**142.**	1 + 7	**147.**	29 + 6
128.	34 + 2	**133.**	37 + 3	**138.**	70 + 6	**143.**	10 + 9	**148.**	56 + 5
129.	43 + 5	**134.**	99 + 8	**139.**	92 + 4	**144.**	58 + 6	**149.**	57 + 0
130.	16 + 2	**135.**	4 + 8	**140.**	76 + 1	**145.**	30 + 9	**150.**	3 + 5

CHAPTER 8

Addition Using Up to 2 Digits

Name: _____

151. 12
    + 8

152. 95
    + 2

153.   8
    + 3

154. 25
    + 8

155. 36
    + 2

156. 66
    + 2

157. 42
    + 0

158. 75
    + 4

159. 56
    + 2

160. 79
    + 1

161. 40
    + 5

162. 47
    + 6

163. 71
    + 3

164. 41
    + 4

165. 13
    + 1

166.   6
    + 0

167. 98
    + 3

168. 79
    + 8

169. 74
    + 0

170. 56
    + 5

171. 88
    + 5

172. 28
    + 9

173. 15
    + 9

174. 90
    + 5

175. 78
    + 5

CHAPTER 8

Addition Using Up to 2 Digits

Name: _____

176.	35 + 7	**181.**	39 + 0	**186.**	77 + 5	**191.**	23 + 2	**196.**	80 + 3
177.	92 + 7	**182.**	24 + 3	**187.**	88 + 3	**192.**	8 + 7	**197.**	18 + 9
178.	10 + 3	**183.**	81 + 4	**188.**	89 + 7	**193.**	97 + 3	**198.**	18 + 3
179.	33 + 0	**184.**	46 + 7	**189.**	98 + 1	**194.**	16 + 0	**199.**	27 + 0
180.	22 + 4	**185.**	33 + 3	**190.**	25 + 6	**195.**	9 + 2	**200.**	41 + 5

CHAPTER 8

Addition Using Up to 2 Digits

Name: _____

201.   32
         + 7

202.   83
         + 5

203.   44
         + 1

204.   89
         + 8

205.   71
         + 0

206.   56
         + 5

207.   32
         + 3

208.   76
         + 1

209.   86
         + 9

210.   64
         + 1

211.   75
         + 3

212.   60
         + 2

213.   60
         + 2

214.   79
         + 0

215.   3
         + 2

216.   84
         + 5

217.   76
         + 7

218.   59
         + 1

219.   29
         + 5

220.   89
         + 3

221.   54
         + 9

222.   79
         + 4

223.   65
         + 5

224.   76
         + 9

225.   56
         + 0

CHAPTER 8
Addition Using Up to 2 Digits

Name: _____

226. 63
       + 2

227. 78
       + 7

228. 20
       + 4

229. 35
       + 1

230. 69
       + 2

231. 71
       + 7

232. 67
       + 7

233. 13
       + 6

234. 51
       + 2

235. 65
       + 1

236. 58
       + 2

237. 75
       + 3

238. 60
       + 1

239. 90
       + 3

240. 28
       + 0

241. 86
       + 1

242. 39
       + 3

243. 29
       + 7

244. 77
       + 3

245. 43
       + 3

246. 88
       + 4

247. 61
       + 6

248. 99
       + 7

249. 63
       + 6

250. 49
       + 7

EXAMPLES

CHAPTER 9

Addition Using Up to 2 Digits

1.   3
  + 3
    6

2.   13
  + 2
   15

3.   36
  + 9
   45

4.   54
  + 1
   55

5.   44
  + 5
   49

6.   79
  + 8
   87

7.   12
  + 3
   15

8.   98
  + 2
  100

9.   42
  + 6
   48

10.   65
  + 4
   69

11.   79
  + 2
   81

12.   24
  + 7
   31

13.   44
  + 8
   52

14.   90
  + 7
   97

15.   84
  + 5
   89

16.   21
  + 5
   26

17.   61
  + 5
   66

18.   68
  + 9
   77

19.   32
  + 1
   33

20.   78
  + 0
   78

CHAPTER 9 PROGRESS   Name: _____

(*Graph how many seconds it took you to complete each page)
*use color pencils or color markers to graph your progress.

Number of seconds to complete each page										
160										
144										
128										
112										
96										
80										
64										
48										
32										
16										
Page Number	page 107	page 108	page 109	page 110	page 111	page 112	page 113	page 114	page 115	page 116

CHAPTER 9

Addition Using Up to 2 Digits

Name: _____

1. 44
   + 0

2. 76
   + 2

3. 95
   + 3

4. 81
   + 6

5. 41
   + 5

6. 23
   + 1

7. 50
   + 2

8.   9
   + 8

9. 19
   + 0

10. 20
   + 9

11. 48
   + 7

12. 58
   + 8

13. 66
   + 6

14. 67
   + 1

15. 68
   + 6

16. 18
   + 4

17. 99
   + 4

18. 72
   + 4

19. 41
   + 4

20. 35
   + 9

21. 21
   + 4

22. 50
   + 2

23. 31
   + 1

24. 64
   + 7

25. 68
   + 1

CHAPTER 9

Addition Using Up to 2 Digits

Name: _____

26.   56
      + 5

27.   73
      + 6

28.   88
      + 9

29.   54
      + 3

30.   25
      + 5

31.   55
      + 0

32.   84
      + 3

33.   8
      + 2

34.   21
      + 7

35.   18
      + 3

36.   7
      + 9

37.   85
      + 8

38.   84
      + 7

39.   7
      + 9

40.   55
      + 1

41.   98
      + 7

42.   88
      + 0

43.   53
      + 5

44.   23
      + 2

45.   14
      + 6

46.   15
      + 0

47.   38
      + 8

48.   30
      + 3

49.   4
      + 3

50.   17
      + 8

CHAPTER 9
Addition Using Up to 2 Digits

Name: _____

51. 72
     + 0

52. 24
     + 8

53. 96
     + 0

54. 50
     + 8

55. 42
     + 5

56. 66
     + 6

57. 66
     + 4

58. 98
     + 5

59. 96
     + 6

60. 17
     + 8

61. 95
     + 8

62. 39
     + 8

63. 53
     + 1

64. 91
     + 1

65. 79
     + 9

66. 28
     + 3

67. 41
     + 4

68. 71
     + 8

69. 77
     + 3

70. 88
     + 8

71. 64
     + 0

72. 44
     + 0

73. 89
     + 2

74. 38
     + 5

75.   7
     + 0

CHAPTER 9
Addition Using Up to 2 Digits

Name: _____

76. 33
     + 1

77. 21
     + 3

78. 77
     + 8

79. 29
     + 7

80. 56
     + 1

81. 20
     + 4

82. 24
     + 8

83.   6
     + 1

84.   7
     + 8

85. 61
     + 4

86. 73
     + 7

87. 87
     + 4

88. 11
     + 4

89. 59
     + 1

90. 57
     + 8

91. 53
     + 8

92. 91
     + 3

93. 62
     + 7

94. 84
     + 7

95. 82
     + 6

96. 60
     + 5

97. 80
     + 4

98. 76
     + 1

99. 62
     + 3

100. 91
     + 9

CHAPTER 9
Addition Using Up to 2 Digits

Name: _____

101.   35
         + 7

102.   43
         + 1

103.   66
         + 6

104.   77
         + 0

105.   62
         + 7

106.   60
         + 8

107.   95
         + 2

108.   53
         + 2

109.   37
         + 9

110.   61
         + 3

111.   11
         + 1

112.   86
         + 4

113.   30
         + 6

114.   64
         + 4

115.   99
         + 7

116.   71
         + 5

117.   93
         + 7

118.   10
         + 3

119.   4
         + 8

120.   55
         + 9

121.   69
         + 1

122.   78
         + 2

123.   26
         + 8

124.   19
         + 0

125.   17
         + 4

CHAPTER 9
Addition Using Up to 2 Digits

Name: _____

126.   39
         + 1

127.   51
         + 8

128.   96
         + 5

129.   4
         + 6

130.   54
         + 5

131.   29
         + 4

132.   87
         + 5

133.   98
         + 0

134.   82
         + 7

135.   70
         + 8

136.   76
         + 2

137.   46
         + 7

138.   49
         + 0

139.   82
         + 1

140.   20
         + 7

141.   25
         + 4

142.   81
         + 9

143.   34
         + 3

144.   12
         + 6

145.   32
         + 3

146.   88
         + 7

147.   36
         + 5

148.   67
         + 8

149.   8
         + 7

150.   88
         + 6

CHAPTER 9

Addition Using Up to 2 Digits

Name: _____

151. 20
         + 7

152. 81
         + 7

153. 66
         + 6

154. 87
         + 5

155. 12
         + 9

156. 86
         + 9

157. 94
         + 4

158. 38
         + 1

159. 42
         + 2

160. 25
         + 8

161. 94
         + 4

162. 26
         + 9

163. 70
         + 7

164. 40
         + 8

165. 64
         + 9

166. 62
         + 8

167. 37
         + 0

168. 68
         + 0

169. 58
         + 5

170.   4
         + 2

171. 43
         + 3

172. 69
         + 2

173. 55
         + 3

174. 45
         + 6

175. 13
         + 5

CHAPTER 9
Addition Using Up to 2 Digits

Name: _____

176. 13
     + 2

181. 45
     + 3

186. 70
     + 4

191. 46
     + 0

196. 75
     + 3

177.   6
     + 4

182. 86
     + 7

187.   8
     + 5

192.   9
     + 4

197. 46
     + 0

178. 51
     + 9

183. 47
     + 0

188. 50
     + 4

193. 45
     + 7

198. 10
     + 0

179. 64
     + 4

184. 89
     + 3

189. 34
     + 8

194. 79
     + 5

199. 53
     + 6

180.   1
     + 5

185. 13
     + 1

190. 90
     + 7

195. 69
     + 8

200. 44
     + 0

CHAPTER 9
Addition Using Up to 2 Digits

Name: _____

201.   19
         + 2

202.   26
         + 2

203.   43
         + 1

204.   21
         + 2

205.   5
         + 1

206.   80
         + 1

207.   87
         + 8

208.   98
         + 5

209.   74
         + 8

210.   32
         + 0

211.   62
         + 8

212.   8
         + 0

213.   94
         + 6

214.   38
         + 1

215.   9
         + 1

216.   79
         + 9

217.   64
         + 1

218.   45
         + 2

219.   81
         + 6

220.   96
         + 9

221.   54
         + 9

222.   60
         + 7

223.   61
         + 2

224.   18
         + 5

225.   70
         + 5

CHAPTER 9
Addition Using Up to 2 Digits

Name: _____

226. 96 + 5

227. 80 + 7

228. 50 + 3

229. 43 + 9

230. 47 + 4

231. 75 + 5

232. 9 + 7

233. 13 + 7

234. 93 + 3

235. 72 + 5

236. 42 + 9

237. 98 + 7

238. 41 + 8

239. 65 + 3

240. 15 + 9

241. 24 + 8

242. 95 + 8

243. 86 + 9

244. 18 + 5

245. 84 + 9

246. 16 + 9

247. 36 + 4

248. 91 + 3

249. 12 + 1

250. 37 + 8

EXAMPLES — CHAPTER 10

Horizontal Addition Using Single Digit Numbers And Ten

1. 10 + 4 = [14]
2. 0 + 1 = [1]
3. 7 + 2 = [9]
4. 4 + 7 = [11]
5. 0 + 6 = [6]
6. 0 + 10 = [10]
7. 3 + 5 = [8]
8. 10 + 2 = [12]
9. 1 + 4 = [5]
10. 2 + 4 = [6]
11. 7 + 5 = [12]
12. 1 + 4 = [4]
13. 3 + 0 = [3]
14. 4 + 3 = [3]
15. 2 + 3 = [5]
16. 0 + 0 = [0]
17. 3 + 5 = [8]
18. 4 + 8 = [12]

CHAPTER 10 PROGRESS   Name: _____

(*Graph how many seconds it took you to complete each page)
*use color pencils or color markers to graph your progress.

Number of seconds to complete each page										
160										
144										
128										
112										
96										
80										
64										
48										
32										
16										
Page Number	page 119	page 120	page 121	page 122	page 123	page 124	page 125	page 126	page 127	page 128

CHAPTER 10

Name: _____

Horizontal Addition Using Single Digit Numbers And Ten

1. 1 + 6 =
2. 4 + 7 =
3. 5 + 4 =
4. 7 + 5 =
5. 1 + 9 =
6. 2 + 0 =
7. 0 + 8 =
8. 7 + 4 =
9. 7 + 10 =
10. 10 + 3 =
11. 6 + 3 =
12. 9 + 10 =
13. 4 + 6 =
14. 8 + 0 =
15. 10 + 2 =
16. 1 + 10 =
17. 8 + 7 =
18. 1 + 2 =
19. 8 + 5 =
20. 5 + 9 =
21. 10 + 6 =
22. 6 + 10 =
23. 2 + 5 =
24. 6 + 3 =

CHAPTER 10   Name: _____

Horizontal Addition Using Single Digit Numbers And Ten

25. 8 + 7 =

26. 8 + 6 =

27. 7 + 3 =

28. 7 + 3 =

29. 8 + 9 =

30. 0 + 9 =

31. 7 + 3 =

32. 1 + 2 =

33. 7 + 3 =

34. 7 + 8 =

35. 5 + 7 =

36. 2 + 8 =

37. 4 + 6 =

38. 0 + 4 =

39. 9 + 7 =

40. 2 + 0 =

41. 6 + 2 =

42. 10 + 8 =

43. 6 + 10 =

44. 7 + 2 =

45. 3 + 9 =

46. 1 + 9 =

47. 3 + 5 =

48. 1 + 7 =

CHAPTER 10

Name: _____

Horizontal Addition Using Single Digits And Ten

49. 5 + 0 =   **61.** 6 + 4 =

50. 3 + 4 =   **62.** 6 + 4 =

51. 2 + 5 =   **63.** 1 + 0 =

52. 6 + 8 =   **64.** 0 + 9 =

53. 10 + 8 =   **65.** 10 + 6 =

54. 3 + 5 =   **66.** 8 + 5 =

55. 2 + 1 =   **67.** 9 + 3 =

56. 4 + 2 =   **68.** 7 + 10 =

57. 4 + 1 =   **69.** 4 + 2 =

58. 9 + 3 =   **70.** 2 + 6 =

59. 6 + 7 =   **71.** 4 + 7 =

60. 4 + 8 =   **72.** 4 + 4 =

CHAPTER 10

Name: _____

Horizontal Addition Using Single Digits And Ten

73. 9 + 3 =

74. 7 + 5 =

75. 4 + 10 =

76. 10 + 1 =

77. 4 + 9 =

78. 1 + 9 =

79. 0 + 6 =

80. 1 + 3 =

81. 8 + 5 =

82. 7 + 4 =

83. 0 + 7 =

84. 4 + 9 =

85. 4 + 6 =

86. 0 + 8 =

87. 2 + 8 =

88. 5 + 4 =

89. 9 + 8 =

90. 1 + 9 =

91. 0 + 0 =

92. 3 + 3 =

93. 4 + 5 =

94. 2 + 0 =

95. 3 + 7 =

96. 3 + 1 =

CHAPTER 10

Name: _____

Horizontal Addition Using Single Digits And Ten

97. 8 + 6 =   **109.** 4 + 6 =

98. 2 + 2 =   **110.** 7 + 3 =

99. 7 + 1 =   **111.** 2 + 1 =

100. 0 + 3 =   **112.** 3 + 5 =

101. 10 + 10 =   **113.** 10 + 9 =

102. 9 + 3 =   **114.** 8 + 5 =

103. 0 + 3 =   **115.** 2 + 1 =

104. 9 + 1 =   **116.** 0 + 7 =

105. 7 + 0 =   **117.** 4 + 8 =

106. 5 + 4 =   **118.** 7 + 4 =

107. 7 + 8 =   **119.** 0 + 9 =

108. 4 + 0 =   **120.** 3 + 4 =

CHAPTER 10   Name: _____

Horizontal Addition Using Single Digits And Ten

121.   6 + 4 =   **133.**   6 + 4 =

122.   2 + 4 =   **134.**   4 + 1 =

123.   5 + 0 =   **135.**   5 + 5 =

124.   9 + 5 =   **136.**   8 + 7 =

125.   7 + 1 =   **137.**   9 + 10 =

126.   1 + 8 =   **138.**   0 + 5 =

127.   10 + 4 =   **139.**   3 + 5 =

128.   10 + 4 =   **140.**   1 + 9 =

129.   2 + 5 =   **141.**   2 + 8 =

130.   10 + 7 =   **142.**   7 + 7 =

131.   0 + 0 =   **143.**   9 + 9 =

132.   4 + 5 =   **144.**   4 + 6 =

CHAPTER 10

Horizontal Addition Using Single Digits And Ten

145. 6 + 9 =

146. 3 + 4 =

147. 2 + 2 =

148. 8 + 10 =

149. 2 + 9 =

150. 4 + 4 =

151. 3 + 7 =

152. 0 + 9 =

153. 6 + 1 =

154. 7 + 6 =

155. 10 + 1 =

156. 1 + 4 =

157. 4 + 6 =

158. 7 + 4 =

159. 3 + 5 =

160. 2 + 8 =

161. 8 + 2 =

162. 5 + 0 =

163. 6 + 10 =

164. 5 + 9 =

165. 10 + 3 =

166. 3 + 6 =

167. 6 + 5 =

168. 0 + 5 =

CHAPTER 10

Name: _____

Horizontal Addition Using Single Digits And Ten

169. 1 + 9 =   **181.** 4 + 6 =

170. 4 + 3 =   **182.** 2 + 6 =

171. 9 + 7 =   **183.** 5 + 10 =

172. 0 + 7 =   **184.** 8 + 8 =

173. 10 + 4 =   **185.** 7 + 3 =

174. 3 + 7 =   **186.** 10 + 0 =

175. 7 + 4 =   **187.** 5 + 7 =

176. 10 + 2 =   **188.** 7 + 0 =

177. 7 + 5 =   **189.** 3 + 10 =

178. 8 + 9 =   **190.** 10 + 9 =

179. 10 + 6 =   **191.** 1 + 8 =

180. 8 + 5 =   **192.** 8 + 4 =

CHAPTER 10

Name: _____

Horizontal Addition Using Single Digits And Ten

193. 0 + 7 =

194. 6 + 5 =

195. 4 + 7 =

196. 5 + 9 =

197. 6 + 9 =

198. 4 + 4 =

199. 7 + 4 =

200. 8 + 9 =

201. 8 + 0 =

202. 9 + 7 =

203. 7 + 6 =

204. 4 + 1 =

205. 4 + 6 =

206. 10 + 8 =

207. 4 + 10 =

208. 3 + 1 =

209. 5 + 4 =

210. 5 + 10 =

211. 8 + 10 =

212. 1 + 9 =

213. 1 + 5 =

214. 7 + 3 =

215. 5 + 9 =

216. 10 + 7 =

CHAPTER 10

Name: _____

Horizontal Addition Using Single Digits And Ten

217. 1 + 8 =

218. 2 + 5 =

219. 7 + 7 =

220. 10 + 2 =

221. 8 + 8 =

222. 8 + 10 =

223. 4 + 5 =

224. 10 + 5 =

225. 2 + 8 =

226. 7 + 3 =

227. 2 + 8 =

228. 5 + 1 =

229. 4 + 6 =

230. 5 + 4 =

231. 9 + 3 =

232. 2 + 4 =

233. 3 + 6 =

234. 2 + 8 =

235. 2 + 7 =

236. 7 + 6 =

237. 2 + 9 =

238. 2 + 1 =

239. 10 + 4 =

240. 10 + 0 =

EXAMPLES CHAPTER 11

Addition Using Two By Two Digit Numbers

1. 58 + 78 = 136
2. 58 + 51 = 109
3. 18 + 88 = 106
4. 56 + 26 = 82
5. 63 + 69 = 132

6. 29 + 23 = 52
7. 49 + 51 = 100
8. 93 + 31 = 124
9. 31 + 48 = 79
10. 67 + 43 = 110

11. 23 + 16 = 39
12. 16 + 70 = 86
13. 96 + 53 = 149
14. 18 + 22 = 40
15. 14 + 24 = 38

16. 46 + 91 = 137
17. 44 + 92 = 136
18. 26 + 31 = 57
19. 17 + 23 = 40
20. 25 + 72 = 97

* note: re-arrange problems with the greater number on top and the least on the bottom before SUBRACTING signage numbers, then write the signage of the greater number to answer.

CHAPTER 11 PROGRESS Name: _____

(*Graph how many minutes it took you to complete each page)
*use color pencils or color markers to graph your progress.

Number of minutes to complete each page										
Page Number	page 131	page 132	page 133	page 134	page 135	page 136	page 137	page 138	page 139	page 140

(Y-axis: 1 through 10)

CHAPTER 11

Name: _____

Addition Using Two By Two Digit Numbers

1.   23
   + 44

2.   23
   + 58

3.   49
   + 64

4.   52
   + 82

5.   13
   + 14

6.   69
   + 31

7.   14
   + 43

8.   37
   + 35

9.   76
   + 13

10.   26
   + 41

11.   23
   + 25

12.   59
   + 23

13.   42
   + 91

14.   33
   + 38

15.   43
   + 41

16.   33
   + 30

17.   24
   + 41

18.   61
   + 16

19.   30
   + 59

20.   95
   + 28

21.   41
   + 22

22.   89
   + 96

23.   38
   + 14

24.   45
   + 51

25.   28
   + 31

* note: re-arrange problems with the greater number on top and the least on the bottom before SUBRACTING signage numbers, then write the signage of the greater number to answer.

CHAPTER 11

Addition Using Two By Two Digit Numbers

Name: _____

26. 18
   + 22

27. 67
   + 95

28. 20
   + 57

29. 68
   + 47

30. 14
   + 24

31. 66
   + 41

32. 91
   + 54

33. 61
   + 37

34. 68
   + 41

35. 90
   + 49

36. 86
   + 89

37. 32
   + 46

38. 39
   + 96

39. 13
   + 12

40. 85
   + 96

41. 84
   + 51

42. 93
   + 78

43. 70
   + 58

44. 85
   + 81

45. 88
   + 81

46. 68
   + 65

47. 33
   + 99

48. 84
   + 42

49. 49
   + 69

50. 26
   + 98

* note: re-arrange problems with the greater number on top and the least on the bottom before SUBRACTING signage numbers, then write the signage of the greater number to answer.

CHAPTER 11

Name: _____

Addition Using Two By Two Digit Numbers

51. 67
   + 85

52. 27
   + 67

53. 78
   + 61

54. 52
   + 93

55. 93
   + 58

56. 13
   + 71

57. 35
   + 94

58. 43
   + 99

59. 69
   + 16

60. 50
   + 36

61. 81
   + 28

62. 80
   + 81

63. 41
   + 19

64. 11
   + 44

65. 65
   + 94

66. 77
   + 17

67. 72
   + 24

68. 65
   + 47

69. 60
   + 31

70. 98
   + 26

71. 96
   + 25

72. 79
   + 17

73. 11
   + 34

74. 46
   + 37

75. 77
   + 16

* note: re-arrange problems with the greater number on top and the least on the bottom before SUBRACTING signage numbers, then write the signage of the greater number to answer.

CHAPTER 11

Name: _____

Addition Using Two By Two Digit Numbers

76. 24
      + 74

77. 61
      + 32

78. 46
      + 21

79. 54
      + 44

80. 93
      + 68

81. 74
      + 11

82. 32
      + 61

83. 34
      + 79

84. 66
      + 33

85. 31
      + 13

86. 51
      + 99

87. 69
      + 14

88. 74
      + 99

89. 97
      + 20

90. 84
      + 83

91. 73
      + 95

92. 69
      + 11

93. 80
      + 37

94. 87
      + 95

95. 64
      + 12

96. 44
      + 52

97. 16
      + 31

98. 30
      + 87

99. 72
      + 80

100. 92
      + 81

* note: re-arrange problems with the greater number on top and the least on the bottom before SUBRACTING signage numbers, then write the signage of the greater number to answer.

CHAPTER 11

Name: _____

Addition Using Two By Two Digit Numbers

101. 71 + 66	**106.** 87 + 45	**111.** 36 + 67	**116.** 48 + 28	**121.** 58 + 65
102. 38 + 90	**107.** 89 + 31	**112.** 17 + 62	**117.** 30 + 27	**122.** 61 + 28
103. 32 + 11	**108.** 87 + 81	**113.** 37 + 62	**118.** 73 + 56	**123.** 65 + 68
104. 28 + 80	**109.** 33 + 51	**114.** 39 + 66	**119.** 60 + 46	**124.** 75 + 34
105. 30 + 87	**110.** 53 + 21	**115.** 83 + 42	**120.** 29 + 73	**125.** 67 + 54

* note: re-arrange problems with the greater number on top and the least on the bottom before SUBRACTING signage numbers, then write the signage of the greater number to answer.

CHAPTER 11

Name: _____

Addition Using Two By Two Digit Numbers

126. 22 + 90

127. 80 + 23

128. 39 + 66

129. 87 + 49

130. 68 + 88

131. 10 + 50

132. 37 + 78

133. 25 + 32

134. 37 + 62

135. 82 + 42

136. 94 + 43

137. 86 + 25

138. 32 + 63

139. 46 + 81

140. 91 + 95

141. 15 + 72

142. 41 + 37

143. 82 + 30

144. 26 + 75

145. 58 + 93

146. 82 + 60

147. 93 + 95

148. 89 + 50

149. 23 + 27

150. 92 + 14

* note: re-arrange problems with the greater number on top and the least on the bottom before SUBRACTING signage numbers, then write the signage of the greater number to answer.

CHAPTER 11

Name: _____

Addition Using Two By Two Digit Numbers

151. 39
     + 32

152. 44
     + 20

153. 88
     + 44

154. 41
     + 30

155. 51
     + 70

156. 86
     + 61

157. 65
     + 56

158. 97
     + 54

159. 47
     + 80

160. 83
     + 92

161. 87
     + 38

162. 90
     + 74

163. 52
     + 32

164. 30
     + 27

165. 55
     + 40

166. 80
     + 70

167. 84
     + 25

168. 45
     + 19

169. 91
     + 38

170. 27
     + 74

171. 61
     + 35

172. 92
     + 72

173. 35
     + 68

174. 78
     + 86

175. 51
     + 78

* note: re-arrange problems with the greater number on top and the least on the bottom before SUBRACTING signage numbers, then write the signage of the greater number to answer.

CHAPTER 11

Name: _____

Addition Using Two By Two Digit Numbers

176.   32
      + 85

181.   74
      + 73

186.   71
      + 95

191.   57
      + 11

196.   89
      + 42

177.   69
      + 51

182.   23
      + 52

187.   20
      + 17

192.   92
      + 91

197.   44
      + 82

178.   61
      + 76

183.   41
      + 51

188.   19
      + 16

193.   81
      + 61

198.   79
      + 99

179.   62
      + 18

184.   36
      + 86

189.   64
      + 44

194.   55
      + 66

199.   52
      + 87

180.   75
      + 99

185.   72
      + 96

190.   60
      + 53

195.   26
      + 10

200.   35
      + 94

* note: re-arrange problems with the greater number on top and the least on the bottom before SUBRACTING signage numbers, then write the signage of the greater number to answer.

CHAPTER 11

Name: _____

Addition Using Two By Two Digit Numbers

201. 41
    + 55

202. 75
    + 76

203. 48
    + 18

204. 73
    + 43

205. 20
    + 35

206. 98
    + 98

207. 72
    + 21

208. 54
    + 67

209. 62
    + 72

210. 75
    + 39

211. 28
    + 71

212. 78
    + 51

213. 31
    + 63

214. 56
    + 36

215. 43
    + 25

216. 42
    + 89

217. 38
    + 77

218. 89
    + 68

219. 61
    + 10

220. 31
    + 86

221. 83
    + 93

222. 22
    + 61

223. 12
    + 61

224. 23
    + 73

225. 80
    + 88

* note: re-arrange problems with the greater number on top and the least on the bottom before SUBRACTING signage numbers, then write the signage of the greater number to answer.

CHAPTER 11

Addition Using Two By Two Digit Numbers

Name: _____

226. 45 + 60	**231.** 45 + 62	**236.** 25 + 59	**241.** 30 + 65	**246.** 88 + 18
227. 74 + 41	**232.** 67 + 58	**237.** 21 + 58	**242.** 21 + 84	**247.** 14 + 96
228. 46 + 20	**233.** 92 + 16	**238.** 27 + 27	**243.** 65 + 79	**248.** 79 + 46
229. 27 + 49	**234.** 82 + 84	**239.** 14 + 96	**244.** 37 + 65	**249.** 46 + 61
230. 89 + 77	**235.** 68 + 62	**240.** 94 + 20	**245.** 15 + 90	**250.** 44 + 20

* note: re-arrange problems with the greater number on top and the least on the bottom before SUBTRACTING signage numbers, then write the signage of the greater number to answer.

EXAMPLES CHAPTER 12

Addition Using Two By Two Digit Numbers

1. 76 + 72 = 148
2. 32 + 81 = 113
3. 55 + 10 = 65
4. 88 + 75 = 163
5. 48 + 32 = 80

6. 74 + 27 = 101
7. 60 + 56 = 116
8. 36 + 90 = 126
9. 72 + 64 = 136
10. 81 + 25 = 106

11. 66 + 20 = 86
12. 28 + 27 = 55
13. 80 + 34 = 114
14. 92 + 89 = 181
15. 11 + 82 = 93

16. 12 + 35 = 47
17. 90 + 78 = 168
18. 49 + 96 = 145
19. 27 + 61 = 88
20. 70 + 84 = 154

* note: re-arrange problems with the greater number on top and the least on the bottom before SUBRACTING signage numbers, then write the signage of the greater number to answer.

CHAPTER 12 PROGRESS   Name: _____

(*Graph how many seconds it took you to complete each page)
*use color pencils or color markers to graph your progress.

Number of seconds to complete each page										
160										
144										
128										
112										
96										
80										
64										
48										
32										
16										
Page Number	page 143	page 144	page 145	page 146	page 147	page 148	page 149	page 150	page 151	page 152

CHAPTER 12

Name: _____

Addition Using Two By Two Digit Numbers

1.   40
  + 71

2.   32
  + 34

3.   19
  + 94

4.   34
  + 67

5.   78
  + 86

6.   41
  + 29

7.   82
  + 86

8.   56
  + 63

9.   28
  + 62

10.   67
  + 93

11.   31
  + 72

12.   19
  + 84

13.   21
  + 70

14.   58
  + 14

15.   46
  + 90

16.   52
  + 29

17.   75
  + 84

18.   30
  + 38

19.   52
  + 94

20.   93
  + 58

21.   17
  + 22

22.   47
  + 30

23.   33
  + 20

24.   18
  + 74

25.   51
  + 25

* note: re-arrange problems with the greater number on top and the least on the bottom before SUBRACTING signage numbers, then write the signage of the greater number to answer.

CHAPTER 12

Name: _____

Addition Using Two By Two Digit Numbers

26. 74
   + 23

27. 23
   + 13

28. 33
   + 36

29. 52
   + 51

30. 77
   + 20

31. 50
   + 47

32. 47
   + 25

33. 96
   + 82

34. 86
   + 76

35. 75
   + 27

36. 78
   + 89

37. 97
   + 82

38. 15
   + 79

39. 31
   + 77

40. 20
   + 34

41. 53
   + 48

42. 66
   + 68

43. 28
   + 58

44. 67
   + 67

45. 54
   + 37

46. 27
   + 85

47. 83
   + 68

48. 10
   + 30

49. 24
   + 39

50. 62
   + 85

* note: re-arrange problems with the greater number on top and the least on the bottom before SUBRACTING signage numbers, then write the signage of the greater number to answer.

CHAPTER 12

Addition Using Two By Two Digit Numbers

Name: _____

51.	84 + 55	**56.**	36 + 46	**61.**	95 + 11	**66.**	10 + 89	**71.**	55 + 67
52.	41 + 16	**57.**	76 + 19	**62.**	80 + 49	**67.**	67 + 45	**72.**	25 + 65
53.	57 + 61	**58.**	98 + 88	**63.**	97 + 70	**68.**	99 + 96	**73.**	14 + 12
54.	41 + 49	**59.**	61 + 57	**64.**	42 + 84	**69.**	52 + 10	**74.**	54 + 89
55.	77 + 41	**60.**	40 + 52	**65.**	47 + 87	**70.**	54 + 29	**75.**	23 + 61

* note: re-arrange problems with the greater number on top and the least on the bottom before SUBRACTING signage numbers, then write the signage of the greater number to answer.

CHAPTER 12

Addition Using Two By Two Digit Numbers

Name: _____

76.   33
      + 50

81.   85
      + 36

86.   54
      + 49

91.   39
      + 42

96.   26
      + 94

77.   70
      + 34

82.   65
      + 69

87.   91
      + 68

92.   97
      + 36

97.   51
      + 90

78.   45
      + 52

83.   51
      + 89

88.   33
      + 27

93.   70
      + 36

98.   88
      + 23

79.   95
      + 69

84.   26
      + 34

89.   38
      + 72

94.   90
      + 10

99.   93
      + 56

80.   75
      + 83

85.   62
      + 41

90.   69
      + 42

95.   47
      + 39

100. 23
       + 84

∗ note: re-arrange problems with the greater number on top and the least on the bottom before SUBTRACTING signage numbers, then write the signage of the greater number to answer.

CHAPTER 12

Addition Using Two By Two Digit Numbers

101. 37 + 27	**106.** 40 + 32	**111.** 23 + 93	**116.** 61 + 69	**121.** 33 + 94
102. 86 + 32	**107.** 42 + 36	**112.** 87 + 58	**117.** 68 + 10	**122.** 18 + 68
103. 56 + 85	**108.** 79 + 18	**113.** 80 + 76	**118.** 97 + 50	**123.** 78 + 84
104. 46 + 18	**109.** 99 + 14	**114.** 44 + 55	**119.** 48 + 66	**124.** 40 + 48
105. 37 + 95	**110.** 41 + 10	**115.** 60 + 11	**120.** 53 + 26	**125.** 84 + 38

* note: re-arrange problems with the greater number on top and the least on the bottom before SUBRACTING signage numbers, then write the signage of the greater number to answer.

CHAPTER 12

Name: _____

Addition Using Two By Two Digit Numbers

126.   61
     + 97

127.   54
     + 21

128.   88
     + 41

129.   13
     + 44

130.   68
     + 18

131.   11
     + 95

132.   73
     + 36

133.   33
     + 67

134.   40
     + 55

135.   70
     + 39

136.   33
     + 25

137.   39
     + 31

138.   72
     + 90

139.   98
     + 41

140.   40
     + 43

141.   57
     + 81

142.   15
     + 43

143.   11
     + 59

144.   38
     + 87

145.   16
     + 17

146.   23
     + 56

147.   69
     + 93

148.   56
     + 36

149.   45
     + 89

150.   94
     + 78

* note: re-arrange problems with the greater number on top and the least on the bottom before SUBRACTING signage numbers, then write the signage of the greater number to answer.

CHAPTER 12

Name: _____

Addition Using Two By Two Digit Numbers

151.   69
       + 78

152.   58
       + 10

153.   68
       + 75

154.   98
       + 86

155.   45
       + 26

156.   28
       + 28

157.   16
       + 47

158.   74
       + 56

159.   36
       + 17

160.   74
       + 39

161.   73
       + 60

162.   71
       + 78

163.   40
       + 60

164.   54
       + 61

165.   26
       + 15

166.   30
       + 34

167.   88
       + 86

168.   70
       + 37

169.   23
       + 84

170.   94
       + 60

171.   29
       + 63

172.   30
       + 11

173.   40
       + 89

174.   22
       + 26

175.   19
       + 47

* note: re-arrange problems with the greater number on top and the least on the bottom before SUBRACTING signage numbers, then write the signage of the greater number to answer.

149

CHAPTER 12

Addition Using Two By Two Digit Numbers

Name: _____

176. 78 + 72	**181.** 48 + 39	**186.** 43 + 12	**191.** 85 + 56	**196.** 66 + 72
177. 43 + 57	**182.** 17 + 36	**187.** 37 + 38	**192.** 22 + 42	**197.** 33 + 43
178. 93 + 94	**183.** 77 + 24	**188.** 20 + 21	**193.** 87 + 91	**198.** 14 + 18
179. 22 + 47	**184.** 13 + 57	**189.** 99 + 18	**194.** 39 + 27	**199.** 81 + 95
180. 11 + 90	**185.** 13 + 36	**190.** 17 + 23	**195.** 38 + 68	**200.** 94 + 35

* note: re-arrange problems with the greater number on top and the least on the bottom before SUBRACTING signage numbers, then write the signage of the greater number to answer.

CHAPTER 12

Name: _____

Addition Using Two By Two Digit Numbers

201.	52 + 42	**206.**	71 + 58	**211.**	92 + 76	**216.**	23 + 78	**221.**	72 + 95
202.	12 + 30	**207.**	59 + 41	**212.**	98 + 90	**217.**	98 + 78	**222.**	32 + 36
203.	39 + 90	**208.**	72 + 75	**213.**	94 + 77	**218.**	77 + 63	**223.**	98 + 35
204.	72 + 93	**209.**	51 + 60	**214.**	75 + 11	**219.**	80 + 45	**224.**	12 + 79
205.	64 + 99	**210.**	52 + 86	**215.**	84 + 23	**220.**	23 + 11	**225.**	87 + 13

* note: re-arrange problems with the greater number on top and the least on the bottom before SUBRACTING signage numbers, then write the signage of the greater number to answer.

CHAPTER 12

Addition Using Two By Two Digit Numbers

226. 14
     + 61

227. 28
     + 57

228. 11
     + 36

229. 13
     + 24

230. 88
     + 84

231. 87
     + 54

232. 25
     + 95

233. 23
     + 52

234. 74
     + 36

235. 61
     + 51

236. 32
     + 95

237. 23
     + 43

238. 11
     + 61

239. 39
     + 40

240. 29
     + 99

241. 25
     + 76

242. 52
     + 52

243. 17
     + 73

244. 30
     + 28

245. 49
     + 85

246. 12
     + 15

247. 45
     + 69

248. 91
     + 47

249. 77
     + 22

250. 95
     + 79

* note: re-arrange problems with the greater number on top and the least on the bottom before SUBRACTING signage numbers, then write the signage of the greater number to answer.

EXAMPLES CHAPTER 13

Addition Using Two By Two Digit Numbers

1. 43 + 98 = 141
2. 72 + 58 = 130
3. 10 + 92 = 102
4. 21 + 83 = 104
5. 24 + 77 = 101

6. 90 + 19 = 109
7. 46 + 77 = 123
8. 40 + 34 = 74
9. 22 + 86 = 108
10. 52 + 25 = 77

11. 96 + 54 = 150
12. 24 + 35 = 59
13. 56 + 63 = 119
14. 31 + 60 = 91
15. 22 + 53 = 75

16. 43 + 23 = 66
17. 50 + 58 = 108
18. 23 + 85 = 108
19. 17 + 81 = 98
20. 28 + 83 = 111

* note: re-arrange problems with the greater number on top and the least on the bottom before SUBRACTING signage numbers, then write the signage of the greater number to answer.

CHAPTER 13 PROGRESS   Name: _____

(*Graph how many seconds it took you to complete each page)
*use color pencils or color markers to graph your progress.

Number of seconds to complete each page											
160											
144											
128											
112											
96											
80											
64											
48											
32											
16											
Page Number	page 155	page 156	page 157	page 158	page 159	page 160	page 161	page 162	page 163	page 164

CHAPTER 13

Name: _____

Addition Using Two By Two Digit Numbers

1.   88
   + 79

2.   36
   + 18

3.   52
   + 39

4.   14
   + 65

5.   12
   + 72

6.   57
   + 37

7.   45
   + 97

8.   47
   + 68

9.   14
   + 26

10.   70
   + 73

11.   52
   + 80

12.   76
   + 19

13.   32
   + 23

14.   49
   + 20

15.   93
   + 91

16.   34
   + 76

17.   10
   + 97

18.   81
   + 29

19.   49
   + 90

20.   62
   + 32

21.   57
   + 17

22.   39
   + 27

23.   33
   + 45

24.   56
   + 28

25.   56
   + 23

* note: re-arrange problems with the greater number on top and the least on the bottom before SUBRACTING signage numbers, then write the signage of the greater number to answer.

CHAPTER 13
Addition Using Two By Two Digit Numbers

Name: _____

26. 60
   + 47

31. 10
   + 84

36. 44
   + 87

41. 92
   + 71

46. 84
   + 72

27. 65
   + 96

32. 84
   + 81

37. 98
   + 94

42. 51
   + 66

47. 70
   + 62

28. 10
   + 12

33. 49
   + 96

38. 56
   + 64

43. 60
   + 44

48. 14
   + 31

29. 18
   + 52

34. 78
   + 59

39. 52
   + 76

44. 63
   + 48

49. 39
   + 52

30. 84
   + 45

35. 72
   + 63

40. 21
   + 13

45. 99
   + 95

50. 47
   + 52

* note: re-arrange problems with the greater number on top and the least on the bottom before SUBRACTING signage numbers, then write the signage of the greater number to answer.

CHAPTER 13
Addition Using Two By Two Digit Numbers

Name: _____

51.	80 + 46	**56.**	64 + 37	**61.**	66 + 56	**66.**	94 + 21	**71.**	56 + 56
52.	43 + 76	**57.**	29 + 54	**62.**	87 + 50	**67.**	97 + 41	**72.**	18 + 14
53.	66 + 45	**58.**	63 + 94	**63.**	20 + 45	**68.**	30 + 94	**73.**	74 + 52
54.	67 + 81	**59.**	96 + 29	**64.**	93 + 78	**69.**	92 + 19	**74.**	95 + 51
55.	29 + 39	**60.**	11 + 57	**65.**	37 + 89	**70.**	91 + 17	**75.**	65 + 73

* note: re-arrange problems with the greater number on top and the least on the bottom before SUBRACTING signage numbers, then write the signage of the greater number to answer.

CHAPTER 13

Name: _____

Addition Using Two By Two Digit Numbers

76. 41
   + 36

77. 56
   + 49

78. 39
   + 35

79. 80
   + 76

80. 12
   + 92

81. 42
   + 78

82. 91
   + 46

83. 87
   + 65

84. 56
   + 74

85. 14
   + 41

86. 37
   + 86

87. 71
   + 92

88. 99
   + 91

89. 90
   + 94

90. 86
   + 40

91. 80
   + 12

92. 79
   + 14

93. 83
   + 14

94. 43
   + 75

95. 16
   + 37

96. 81
   + 35

97. 22
   + 38

98. 36
   + 77

99. 41
   + 86

100. 31
   + 94

* note: re-arrange problems with the greater number on top and the least on the bottom before SUBRACTING signage numbers, then write the signage of the greater number to answer.

CHAPTER 13

Name: _____

Addition Using Two By Two Digit Numbers

101. 16
      + 33

106. 46
      + 28

111. 68
      + 92

116. 98
      + 63

121. 30
      + 64

102. 27
      + 78

107. 12
      + 27

112. 74
      + 23

117. 31
      + 92

122. 10
      + 49

103. 71
      + 71

108. 90
      + 86

113. 39
      + 22

118. 23
      + 40

123. 78
      + 86

104. 43
      + 69

109. 31
      + 23

114. 82
      + 84

119. 60
      + 98

124. 82
      + 19

105. 70
      + 91

110. 49
      + 23

115. 47
      + 74

120. 64
      + 58

125. 26
      + 62

* note: re-arrange problems with the greater number on top and the least on the bottom before SUBRACTING signage numbers, then write the signage of the greater number to answer.

CHAPTER 13

Addition Using Two By Two Digit Numbers

126. 24
     + 55

127. 63
     + 71

128. 35
     + 11

129. 25
     + 10

130. 12
     + 76

131. 83
     + 76

132. 49
     + 52

133. 36
     + 24

134. 68
     + 40

135. 54
     + 88

136. 44
     + 15

137. 68
     + 64

138. 81
     + 77

139. 86
     + 46

140. 37
     + 20

141. 97
     + 64

142. 47
     + 22

143. 28
     + 85

144. 18
     + 36

145. 78
     + 36

146. 50
     + 47

147. 69
     + 64

148. 36
     + 11

149. 73
     + 85

150. 29
     + 66

* note: re-arrange problems with the greater number on top and the least on the bottom before SUBRACTING signage numbers, then write the signage of the greater number to answer.

CHAPTER 13

Name: _____

Addition Using Two By Two Digit Numbers

151.	88 + 60	**156.**	48 + 27	**161.**	43 + 54	**166.**	97 + 94	**171.**	72 + 82
152.	63 + 51	**157.**	32 + 95	**162.**	89 + 76	**167.**	11 + 37	**172.**	35 + 16
153.	33 + 45	**158.**	73 + 11	**163.**	62 + 62	**168.**	82 + 38	**173.**	14 + 49
154.	14 + 47	**159.**	57 + 26	**164.**	39 + 69	**169.**	80 + 44	**174.**	84 + 17
155.	65 + 88	**160.**	51 + 70	**165.**	22 + 45	**170.**	42 + 66	**175.**	14 + 72

* note: re-arrange problems with the greater number on top and the least on the bottom before SUBRACTING signage numbers, then write the signage of the greater number to answer.

CHAPTER 13

Name: _____

Addition Using Two By Two Digit Numbers

176.   22
     + 13

177.   62
     + 10

178.   87
     + 41

179.   72
     + 22

180.   58
     + 38

181.   67
     + 99

182.   16
     + 75

183.   51
     + 79

184.   87
     + 87

185.   51
     + 57

186.   63
     + 63

187.   56
     + 88

188.   92
     + 17

189.   73
     + 52

190.   41
     + 95

191.   39
     + 36

192.   98
     + 61

193.   83
     + 97

194.   33
     + 76

195.   28
     + 11

196.   78
     + 68

197.   35
     + 17

198.   70
     + 62

199.   15
     + 32

200.   95
     + 25

* note: re-arrange problems with the greater number on top and the least on the bottom before SUBRACTING signage numbers, then write the signage of the greater number to answer.

CHAPTER 13

Name: _____

Addition Using Two By Two Digit Numbers

201.   31
      + 41

202.   60
      + 72

203.   68
      + 33

204.   21
      + 28

205.   32
      + 23

206.   91
      + 85

207.   50
      + 87

208.   17
      + 33

209.   30
      + 39

210.   61
      + 31

211.   11
      + 65

212.   99
      + 96

213.   13
      + 41

214.   27
      + 95

215.   77
      + 78

216.   96
      + 39

217.   32
      + 34

218.   27
      + 55

219.   93
      + 55

220.   55
      + 55

221.   62
      + 95

222.   87
      + 38

223.   65
      + 35

224.   93
      + 56

225.   68
      + 79

* note: re-arrange problems with the greater number on top and the least on the bottom before SUBRACTING signage numbers, then write the signage of the greater number to answer.

163

CHAPTER 13

Name: _____

Addition Using Two By Two Digit Numbers

226. 81
     + 76

227. 19
     + 69

228. 69
     + 96

229. 41
     + 59

230. 99
     + 47

231. 61
     + 23

232. 64
     + 28

233. 61
     + 10

234. 95
     + 75

235. 70
     + 37

236. 20
     + 83

237. 36
     + 40

238. 60
     + 29

239. 55
     + 38

240. 84
     + 16

241. 27
     + 33

242. 97
     + 62

243. 39
     + 85

244. 78
     + 72

245. 89
     + 75

246. 98
     + 15

247. 15
     + 32

248. 28
     + 39

249. 10
     + 71

250. 80
     + 50

* note: re-arrange problems with the greater number on top and the least on the bottom before SUBTRACTING signage numbers, then write the signage of the greater number to answer.

EXAMPLES CHAPTER 14

Addition Using Up-To Three Digit Numbers

1. 463 + 282 = 745
2. 418 + 792 = 1210
3. 688 + 549 = 1237
4. 768 + 727 = 1495
5. 960 + 921 = 1881

6. 785 + 321 = 1106
7. 915 + 475 = 1390
8. 264 + 564 = 828
9. 260 + 123 = 383
10. 538 + 383 = 921

11. 757 + 486 = 1243
12. 585 + 799 = 1384
13. 817 + 411 = 1228
14. 385 + 370 = 755
15. 924 + 464 = 1388

16. 229 + 428 = 657
17. 443 + 277 = 720
18. 908 + 191 = 1099
19. 387 + 209 = 596
20. 644 + 975 = 1619

* note: re-arrange problems with the greater number on top and the least on the bottom before SUBRACTING signage numbers, then write the signage of the greater number to answer.

CHAPTER 14 PROGRESS   Name: _____

(*Graph how many minutes it took you to complete each page)
*use color pencils or color markers to graph your progress.

Number of minutes to complete each page	page 167	page 168	page 169	page 170	page 171	page 172	page 173	page 174	page 175	page 176
Page Number										

CHAPTER 14

Name: _____

Addition Using Up-To Three Digit Numbers

1. 267
  + 318

2. 406
  + 671

3. 621
  + 729

4. 681
  + 739

5. 524
  + 920

6. 420
  + 733

7. 988
  + 336

8. 161
  + 757

9. 144
  + 712

10. 205
  + 965

11. 538
  + 212

12. 546
  + 768

13. 115
  + 788

14. 200
  + 623

15. 345
  + 765

16. 573
  + 913

17. 357
  + 943

18. 462
  + 976

19. 832
  + 342

20. 581
  + 146

21. 194
  + 225

22. 189
  + 179

23. 107
  + 898

24. 114
  + 383

25. 336
  + 284

* note: re-arrange problems with the greater number on top and the least on the bottom before SUBRACTING signage numbers, then write the signage of the greater number to answer.

CHAPTER 14

Addition Using Up-To Three Digit Numbers

Name: _____

26.	753 + 393	**31.**	804 + 614	**36.**	947 + 201	**41.**	706 + 933	**46.**	831 + 442
27.	613 + 456	**32.**	662 + 750	**37.**	976 + 203	**42.**	836 + 401	**47.**	935 + 472
28.	461 + 112	**33.**	546 + 863	**38.**	700 + 275	**43.**	739 + 696	**48.**	173 + 465
29.	238 + 890	**34.**	138 + 209	**39.**	921 + 791	**44.**	441 + 656	**49.**	480 + 561
30.	864 + 928	**35.**	896 + 235	**40.**	261 + 616	**45.**	934 + 759	**50.**	909 + 498

* note: re-arrange problems with the greater number on top and the least on the bottom before SUBRACTING signage numbers, then write the signage of the greater number to answer.

CHAPTER 14

Addition Using Up-To Three Digit Numbers

Name: _____

51.	755 + 464	**56.**	781 + 376	**61.**	374 + + 969	**66.**	281 + 693	**71.**	777 + 454
52.	784 + 925	**57.**	604 + 209	**62.**	897 + 388	**67.**	766 + 863	**72.**	436 + 189
53.	766 + 382	**58.**	931 + 396	**63.**	683 + 254	**68.**	416 + 434	**73.**	274 + 435
54.	108 + 515	**59.**	467 + 856	**64.**	292 + 655	**69.**	723 + 135	**74.**	613 + 644
55.	438 + 377	**60.**	529 + 306	**65.**	870 + 252	**70.**	255 + 461	**75.**	706 + 949

* note: re-arrange problems with the greater number on top and the least on the bottom before SUBRACTING signage numbers, then write the signage of the greater number to answer.

CHAPTER 14

Name: _____

Addition Using Up-To Three Digit Numbers

76.   613
    + 213

77.   105
    + 980

78.   792
    + 728

79.   830
    + 775

80.   954
    + 278

81.   135
    + 222

82.   164
    + 900

83.   348
    + 393

84.   449
    + 532

85.   648
    + 947

86.   695
    + 933

87.   346
    + 952

88.   214
    + 500

89.   341
    + 828

90.   353
    + 715

91.   136
    + 662

92.   867
    + 968

93.   685
    + 688

94.   308
    + 678

95.   232
    + 856

96.   710
    + 883

97.   345
    + 724

98.   680
    + 604

99.   523
    + 535

100. 945
    + 422

∗ note: re-arrange problems with the greater number on top and the least on the bottom before SUBTRACTING signage numbers, then write the signage of the greater number to answer.

CHAPTER 14

Name: _____

Addition Using Up-To Three Digit Numbers

101.   158 + 687

102.   461 + 706

103.   549 + 264

104.   792 + 589

105.   540 + 470

106.   487 + 934

107.   420 + 103

108.   708 + 646

109.   435 + 166

110.   310 + 455

111.   352 + 294

112.   834 + 867

113.   177 + 620

114.   503 + 802

115.   859 + 109

116.   984 + 808

117.   412 + 200

118.   387 + 431

119.   865 + 604

120.   611 + 447

121.   251 + 645

122.   684 + 399

123.   413 + 496

124.   867 + 601

125.   495 + 270

* note: re-arrange problems with the greater number on top and the least on the bottom before SUBRACTING signage numbers, then write the signage of the greater number to answer.

CHAPTER 14

Name: _____

Addition Using Up-To Three Digit Numbers

126.	867 + 836	**131.**	459 + 651	**136.**	636 + 186	**141.**	168 + 351	**146.**	156 + 260
127.	692 + 673	**132.**	298 + 425	**137.**	952 + 558	**142.**	355 + 706	**147.**	827 + 939
128.	837 + 669	**133.**	951 + 715	**138.**	173 + 569	**143.**	340 + 652	**148.**	317 + 756
129.	616 + 650	**134.**	434 + 249	**139.**	694 + 553	**144.**	289 + 447	**149.**	457 + 820
130.	938 + 845	**135.**	427 + 565	**140.**	687 + 616	**145.**	540 + 303	**150.**	472 + 444

* note: re-arrange problems with the greater number on top and the least on the bottom before SUBRACTING signage numbers, then write the signage of the greater number to answer.

CHAPTER 14

Addition Using Up-To Three Digit Numbers

Name: _____

151.	410 + 392	**156.**	555 + 597	**161.**	592 + 575	**166.**	290 + 782	**171.**	121 + 745
152.	811 + 578	**157.**	294 + 604	**162.**	164 + 358	**167.**	180 + 112	**172.**	918 + 337
153.	408 + 931	**158.**	938 + 744	**163.**	738 + 512	**168.**	858 + 748	**173.**	381 + 124
154.	875 + 513	**159.**	502 + 445	**164.**	877 + 401	**169.**	952 + 592	**174.**	308 + 360
155.	616 + 145	**160.**	325 + 970	**165.**	927 + 774	**170.**	487 + 367	**175.**	776 + 692

* note: re-arrange problems with the greater number on top and the least on the bottom before SUBRACTING signage numbers, then write the signage of the greater number to answer.

CHAPTER 14

Addition Using Up-To Three Digit Numbers

Name: _____

176. 363
     + 140

181. 181
     + 603

186. 381
     + 537

191. 280
     + 587

196. 967
     + 446

177. 102
     + 336

182. 987
     + 245

187. 806
     + 336

192. 638
     + 983

197. 524
     + 300

178. 677
     + 981

183. 662
     + 916

188. 329
     + 191

193. 531
     + 499

198. 917
     + 571

179. 476
     + 333

184. 852
     + 396

189. 117
     + 669

194. 753
     + 999

199. 709
     + 922

180. 488
     + 475

185. 898
     + 449

190. 658
     + 709

195. 200
     + 448

200. 746
     + 982

* note: re-arrange problems with the greater number on top and the least on the bottom before SUBRACTING signage numbers, then write the signage of the greater number to answer.

CHAPTER 14

Name: _____

Addition Using Up-To Three Digit Numbers

201. 646
     + 227

206. 625
     + 666

211. 380
     + 268

216. 460
     + 176

221. 730
     + 941

202. 337
     + 705

207. 963
     + 125

212. 944
     + 853

217. 896
     + 146

222. 805
     + 293

203. 431
     + 802

208. 154
     + 552

213. 794
     + 966

218. 883
     + 561

223. 614
     + 843

204. 343
     + 931

209. 494
     + 287

214. 990
     + 325

219. 876
     + 421

224. 210
     + 705

205. 141
     + 124

210. 683
     + 788

215. 627
     + 322

220. 275
     + 683

225. 448
     + 562

* note: re-arrange problems with the greater number on top and the least on the bottom before SUBRACTING signage numbers, then write the signage of the greater number to answer.

CHAPTER 14

Name: _____

Addition Using Up-To Three Digit Numbers

226. 291
     + 237

227. 724
     + 501

228. 519
     + 503

229. 842
     + 610

230. 886
     + 238

231. 716
     + 132

232. 252
     + 499

233. 245
     + 958

234. 717
     + 983

235. 693
     + 183

236. 601
     + 177

237. 247
     + 502

238. 615
     + 296

239. 206
     + 763

240. 241
     + 474

241. 646
     + 588

242. 444
     + 602

243. 723
     + 887

244. 568
     + 855

245. 254
     + 586

246. 534
     + 188

247. 401
     + 815

248. 469
     + 402

249. 292
     + 747

250. 525
     + 833

* note: re-arrange problems with the greater number on top and the least on the bottom before SUBRACTING signage numbers, then write the signage of the greater number to answer.

EXAMPLES   CHAPTER 15

Addition Using Negative and Positive Numbers

1.   -823
    +   89
    = -734

2.   961
    + -833
    = 128

3.   -665
    +   136
    = -529

4.   -795
    +   -38
    = -833

5.   219
    + 256
    = 475

6.   94
    + 231
    = 325

7.   614
    + 159
    = 773

8.   -547
    +   772
    = 225

9.   606
    + 501
    = 1107

10.   530
    + -456
    = 74

11.   465
    + 874
    = 1339

12.   -568
    + -464
    = -1032

13.   -332
    + -417
    = -749

14.   -257
    + -361
    = -618

15.   -538
    + -432
    = -970

16.   445
    + -448
    = -3

17.   805
    + 787
    = 1592

18.   432
    + 107
    = 539

19.   -729
    + -593
    = -1322

20.   -74
    + -914
    = -988

* note: re-arrange problems with the greater number on top and the least on the bottom before SUBRACTING signage numbers, then write the signage of the greater number to answer.

CHAPTER 15 PROGRESS   Name: _____

(*Graph how many minutes it took you to complete each page)
*use color pencils or color markers to graph your progress.

Number of minutes to complete each page (y-axis: 2, 4, 6, 8, 10, 12, 14, 16, 18, 20)

Page Number	page 179	page 180	page 181	page 182	page 183	page 184	page 185	page 186	page 187	page 188

CHAPTER 15

Name: _____

Addition Using Negative and Positive Numbers

1.   -512
   +   -63

2.   -590
   +   586

3.   -999
   + -717

4.   -210
   + -671

5.   -534
   +   948

6.   -919
   +   324

7.   -716
   +   379

8.   -346
   +   167

9.   966
   + 755

10.   -152
    + 994

11.   -364
    + 710

12.   -62
    + 397

13.   899
    +   6

14.   767
    + 285

15.   -126
    +   35

16.   854
    + 852

17.   341
    + 735

18.   -249
    +   99

19.   -968
    + 650

20.   847
    + -861

21.   384
    + -336

22.   605
    + -757

23.   -192
    + 226

24.   739
    + 668

25.   -510
    + 532

* note: re-arrange problems with the greater number on top and the least on the bottom before SUBRACTING signage numbers, then write the signage of the greater number to answer.

CHAPTER 15

Addition Using Negative and Positive Numbers

Name: _____

26. 404
   + -972

27. 599
   + 395

28. 699
   + 391

29. 122
   + -79

30. -645
   + -102

31. -331
   + -39

32. -470
   + 910

33. -243
   + -636

34. -20
   + 718

35. 248
   + 526

36. -426
   + -827

37. -728
   + 122

38. 557
   + -103

39. -39
   + -262

40. 989
   + -551

41. -220
   + -964

42. 646
   + -723

43. -252
   + 667

44. 725
   + 696

45. 306
   + 289

46. -608
   + 675

47. 998
   + -588

48. -987
   + -553

49. -141
   + 221

50. -854
   + -637

* note: re-arrange problems with the greater number on top and the least on the bottom before SUBTRACTING signage numbers, then write the signage of the greater number to answer.

CHAPTER 15

Addition Using Negative and Positive Numbers

Name: _____

51. 758
   + 671

52. -485
   + -501

53. 944
   + -209

54. -978
   +   59

55. 706
   + 650

56. -709
   + -215

57.   44
   + -86

58.   -9
   + 685

59. 538
   + 192

60. -588
   + -530

61. 761
   + -232

62. -67
   + 552

63. -431
   + 683

64. 412
   + -756

65. 591
   + -909

66. 274
   + 210

67. -610
   + 305

68. -717
   + 416

69.   56
   + -459

70. 190
   + -607

71. -873
   +   2

72. -293
   + -592

73. 689
   + -859

74. 875
   + 421

75. 796
   + -715

* note: re-arrange problems with the greater number on top and the least on the bottom before SUBRACTING signage numbers, then write the signage of the greater number to answer.

CHAPTER 15

Addition Using Negative and Positive Numbers

Name: _____

76.	-765 + 739	**81.**	579 + -855	**86.**	278 + -592	**91.**	571 + -845	**96.**	50 + -594
77.	393 + 73	**82.**	947 + 619	**87.**	-647 + -399	**92.**	-367 + -444	**97.**	910 + 883
78.	966 + -742	**83.**	-223 + 374	**88.**	-339 + 350	**93.**	346 + 876	**98.**	88 + 935
79.	-89 + -814	**84.**	398 + -491	**89.**	938 + 172	**94.**	-697 + 746	**99.**	437 + -123
80.	714 + 237	**85.**	-172 + 894	**90.**	-876 + 416	**95.**	652 + -338	**100.**	-560 + 563

* note: re-arrange problems with the greater number on top and the least on the bottom before SUBTRACTING signage numbers, then write the signage of the greater number to answer.

CHAPTER 15

Name: _____

Addition Using Negative and Positive Numbers

101. 159
      + 610

106. 687
      + 961

111. 317
      + 451

116. -175
      +   41

121. -721
      + 708

102. -776
      + 833

107.   -9
      + 976

112. -990
      + -806

117. 677
      + -242

122. 670
      + -714

103. 770
      + 822

108. 842
      + -65

113. -899
      + -313

118. -670
      + -30

123. 642
      + 896

104. 541
      + -320

109. 435
      + 248

114. 242
      + -204

119. -944
      + -256

124.   -53
      + -805

105. 169
      + 998

110. 537
      + -127

115. 107
      + 617

120. 828
      + 684

125. -497
      + 504

* note: re-arrange problems with the greater number on top and the least on the bottom before SUBRACTING signage numbers, then write the signage of the greater number to answer.

CHAPTER 15
Addition Using Negative and Positive Numbers

Name: _____

126.	-727 + 427	**131.**	998 + 280	**136.**	441 + 257	**141.**	-319 + 408	**146.**	754 + 910
127.	-221 + -129	**132.**	-365 + -693	**137.**	-763 + 218	**142.**	305 + 48	**147.**	598 + 381
128.	-231 + 407	**133.**	551 + -987	**138.**	-34 + 955	**143.**	225 + -251	**148.**	676 + 146
129.	114 + 277	**134.**	-285 + 753	**139.**	53 + -701	**144.**	109 + 739	**149.**	146 + -64
130.	643 + -121	**135.**	-363 + -940	**140.**	96 + 576	**145.**	308 + -953	**150.**	-638 + -166

* note: re-arrange problems with the greater number on top and the least on the bottom before SUBTRACTING signage numbers, then write the signage of the greater number to answer.

CHAPTER 15

Addition Using Negative and Positive Numbers

Name: _____

151.	-287 + 336	**156.**	964 + -64	**161.**	-156 + 840	**166.**	822 + 146	**171.**	696 + 508
152.	-272 + -293	**157.**	739 + 255	**162.**	322 + -524	**167.**	693 + -630	**172.**	637 + -542
153.	114 + 511	**158.**	68 + 385	**163.**	-860 + -106	**168.**	-635 + -285	**173.**	-451 + -971
154.	74 + 312	**159.**	-364 + 22	**164.**	376 + 43	**169.**	464 + -17	**174.**	-182 + -420
155.	-591 + 900	**160.**	181 + 257	**165.**	516 + 687	**170.**	-685 + -822	**175.**	849 + 722

* note: re-arrange problems with the greater number on top and the least on the bottom before SUBRACTING signage numbers, then write the signage of the greater number to answer.

CHAPTER 15

Name: _____

Addition Using Negative and Positive Numbers

176.	-207 + 519	**181.**	-186 + -932	**186.**	-865 + 766	**191.**	771 + -755	**196.**	119 + 446
177.	548 + -959	**182.**	47 + -744	**187.**	-126 + -863	**192.**	25 + 607	**197.**	313 + -508
178.	-774 + -725	**183.**	-985 + -268	**188.**	225 + -757	**193.**	-104 + -135	**198.**	912 + 452
179.	53 + -68	**184.**	-922 + 861	**189.**	918 + -461	**194.**	850 + -712	**199.**	441 + -899
180.	-718 + 54	**185.**	-841 + -441	**190.**	-856 + 342	**195.**	-384 + 146	**200.**	714 + 145

* note: re-arrange problems with the greater number on top and the least on the bottom before SUBTRACTING signage numbers, then write the signage of the greater number to answer.

CHAPTER 15

Name: _____

Addition Using Negative and Positive Numbers

201. -927
      + -758

206.   414
      + -493

211. -451
      + -456

216. -539
      + -331

221. -709
      + -544

202.   676
      + -809

207.   618
      + -460

212. -900
      + -512

217. -826
      +   886

222.   371
      +   506

203.   209
      + -370

208.   752
      +   700

213. -898
      +   739

218.   59
      +   -66

223. -958
      + -225

204. -413
      +   823

209.   885
      + -122

214.   285
      +   25

219. -528
      +   944

224.   917
      +   394

205.   691
      +   476

210.   983
      +   476

215.   114
      +   -85

220. -498
      +   44

225. -654
      +   873

* note: re-arrange problems with the greater number on top and the least on the bottom before SUBRACTING signage numbers, then write the signage of the greater number to answer.

CHAPTER 15

Name: _____

Addition Using Negative and Positive Numbers

226. -447
    + -702

227. -887
    + -34

228.   -71
    + 616

229. -462
    + -50

230. -608
    + 652

231.   775
    + -935

232.   20
    + -50

233. -841
    + -358

234. -732
    + -906

235. -840
    + -885

236.   544
    + -986

237. -998
    + 769

238.   318
    + -176

239.   208
    + 861

240.   711
    + -932

241.   424
    + 116

242.   926
    + 182

243. -273
    + 717

244.   759
    + 584

245.   219
    + -379

246. -925
    + -646

247.   906
    +   1

248.   588
    + 482

249.   824
    + -290

250. -541
    + -443

* note: re-arrange problems with the greater number on top and the least on the bottom before SUBRACTING signage numbers, then write the signage of the greater number to answer.

ANSWERS

Addition Using Up to 2 Digits Chapter 1
Page 189

1. 76
2. 40
3. 16
4. 60
5. 23
6. 79
7. 106
8. 58
9. 67
10. 2
11. 44
12. 42
13. 59
14. 21
15. 25
16. 102
17. 60
18. 31
19. 18
20. 10
21. 33
22. 11
23. 89
24. 28
25. 48
26. 83
27. 58
28. 89
29. 91
30. 79
31. 29
32. 93
33. 77
34. 85
35. 90
36. 53
37. 43
38. 7
39. 82
40. 67
41. 101
42. 101
43. 9
44. 85
45. 86
46. 31
47. 36
48. 43
49. 103
50. 82
51. 93
52. 16
53. 83
54. 90
55. 87
56. 14
57. 73
58. 81
59. 71
60. 63
61. 78
62. 40
63. 8
64. 73
65. 50
66. 8
67. 93
68. 50
69. 61
70. 33
71. 29
72. 33
73. 11
74. 11
75. 2
76. 14
77. 3
78. 86
79. 86
80. 47
81. 47
82. 75
83. 93
84. 71
85. 78
86. 34
87. 21
88. 85
89. 49
90. 13
91. 4
92. 7
93. 68
94. 28
95. 6
96. 36
97. 94
98. 71
99. 95
100. 102
101. 86
102. 91
103. 4
104. 14
105. 50
106. 88
107. 6
108. 81
109. 54
110. 44
111. 89
112. 13
113. 52
114. 63
115. 10
116. 37
117. 45
118. 61
119. 18
120. 65
121. 49
122. 100
123. 101
124. 54
125. 107
126. 23
127. 55
128. 48
129. 25
130. 101
131. 108
132. 43
133. 36
134. 61
135. 33
136. 7
137. 41
138. 69
139. 58
140. 46
141. 97
142. 37
143. 14
144. 17
145. 28
146. 41
147. 78
148. 22
149. 78
150. 84
151. 49
152. 76
153. 57
154. 69
155. 57
156. 50
157. 21
158. 86
159. 37
160. 86
161. 21
162. 20
163. 98
164. 12
165. 15
166. 67
167. 93
168. 11
169. 11
170. 57
171. 89
172. 78
173. 31
174. 39
175. 55
176. 92
177. 57
178. 66
179. 26
180. 61
181. 70
182. 67
183. 49
184. 7
185. 96
186. 102
187. 94
188. 43
189. 4
190. 54
191. 94
192. 73
193. 74
194. 98
195. 10
196. 6
197. 20
198. 59
199. 37
200. 30
201. 45
202. 90
203. 6
204. 62
205. 82
206. 80
207. 38
208. 41
209. 36
210. 26
211. 89
212. 88
213. 68
214. 94
215. 71
216. 66
217. 15
218. 15
219. 32
220. 12
221. 38
222. 17
223. 14
224. 27
225. 27
226. 73
227. 12
228. 63
229. 82
230. 18
231. 48
232. 11
233. 11
234. 90
235. 33
236. 6
237. 35
238. 27
239. 100
240. 105
241. 89
242. 28
243. 15
244. 33
245. 52
246. 95
247. 12
248. 91
249. 55
250. 77

ANSWERS

Addition Using Up to 2 Digits   Chapter   2
Page   190

#	Ans	#	Ans	#	Ans	#	Ans	#	Ans
1.	14	51.	13	101.	81	151.	55	201.	78
2.	9	52.	100	102.	89	152.	7	202.	81
3.	37	53.	90	103.	94	153.	26	203.	25
4.	60	54.	77	104.	99	154.	18	204.	16
5.	21	55.	15	105.	82	155.	70	205.	55
6.	100	56.	47	106.	103	156.	102	206.	24
7.	4	57.	8	107.	89	157.	85	207.	101
8.	97	58.	10	108.	77	158.	50	208.	4
9.	57	59.	31	109.	70	159.	23	209.	81
10.	33	60.	54	110.	22	160.	97	210.	30
11.	55	61.	96	111.	74	161.	72	211.	99
12.	13	62.	61	112.	43	162.	6	212.	35
13.	18	63.	25	113.	33	163.	7	213.	97
14.	78	64.	99	114.	106	164.	54	214.	24
15.	70	65.	52	115.	46	165.	47	215.	92
16.	61	66.	62	116.	32	166.	76	216.	73
17.	16	67.	9	117.	80	167.	26	217.	33
18.	69	68.	72	118.	79	168.	79	218.	78
19.	99	69.	32	119.	83	169.	58	219.	11
20.	30	70.	70	120.	49	170.	84	220.	19
21.	62	71.	14	121.	77	171.	31	221.	50
22.	70	72.	98	122.	94	172.	20	222.	3
23.	50	73.	99	123.	84	173.	54	223.	16
24.	12	74.	67	124.	32	174.	58	224.	33
25.	33	75.	60	125.	97	175.	72	225.	31
26.	79	76.	16	126.	31	176.	81	226.	13
27.	92	77.	42	127.	69	177.	69	227.	63
28.	104	78.	67	128.	76	178.	31	228.	15
29.	76	79.	23	129.	12	179.	32	229.	13
30.	51	80.	14	130.	23	180.	38	230.	67
31.	97	81.	29	131.	33	181.	38	231.	22
32.	97	82.	51	132.	56	182.	51	232.	10
33.	59	83.	97	133.	10	183.	55	233.	15
34.	104	84.	22	134.	51	184.	103	234.	96
35.	49	85.	23	135.	79	185.	59	235.	54
36.	35	86.	37	136.	54	186.	101	236.	92
37.	17	87.	69	137.	41	187.	8	237.	81
38.	42	88.	65	138.	88	188.	81	238.	8
39.	53	89.	77	139.	99	189.	30	239.	11
40.	27	90.	42	140.	24	190.	78	240.	63
41.	87	91.	33	141.	63	191.	63	241.	5
42.	41	92.	64	142.	56	192.	72	242.	63
43.	103	93.	43	143.	36	193.	54	243.	72
44.	45	94.	54	144.	15	194.	86	244.	56
45.	82	95.	47	145.	33	195.	10	245.	18
46.	30	96.	19	146.	20	196.	26	246.	52
47.	92	97.	43	147.	74	197.	83	247.	53
48.	48	98.	41	148.	91	198.	46	248.	8
49.	47	99.	68	149.	42	199.	100	249.	50
50.	89	100.	34	150.	51	200.	78	250.	71

ANSWERS

Addition Using Up to 2 Digits — Chapter 3

#	Ans	#	Ans	#	Ans	#	Ans	#	Ans
1.	60	51.	10	101.	12	151.	62	201.	81
2.	83	52.	48	102.	51	152.	45	202.	20
3.	88	53.	27	103.	36	153.	47	203.	57
4.	95	54.	22	104.	61	154.	25	204.	49
5.	15	55.	54	105.	40	155.	83	205.	78
6.	92	56.	16	106.	4	156.	97	206.	6
7.	6	57.	40	107.	80	157.	15	207.	66
8.	104	58.	78	108.	89	158.	53	208.	16
9.	12	59.	44	109.	72	159.	47	209.	93
10.	96	60.	22	110.	85	160.	84	210.	66
11.	45	61.	102	111.	86	161.	23	211.	90
12.	49	62.	17	112.	38	162.	25	212.	30
13.	99	63.	87	113.	66	163.	40	213.	58
14.	102	64.	84	114.	57	164.	92	214.	76
15.	70	65.	37	115.	78	165.	31	215.	81
16.	64	66.	81	116.	81	166.	65	216.	30
17.	84	67.	67	117.	57	167.	28	217.	71
18.	91	68.	42	118.	70	168.	49	218.	12
19.	67	69.	29	119.	24	169.	37	219.	100
20.	49	70.	29	120.	106	170.	26	220.	59
21.	105	71.	42	121.	50	171.	74	221.	72
22.	60	72.	101	122.	92	172.	23	222.	69
23.	26	73.	46	123.	92	173.	32	223.	38
24.	81	74.	82	124.	67	174.	52	224.	85
25.	96	75.	49	125.	19	175.	59	225.	80
26.	19	76.	73	126.	49	176.	84	226.	93
27.	38	77.	16	127.	64	177.	100	227.	16
28.	99	78.	81	128.	44	178.	51	228.	36
29.	12	79.	82	129.	27	179.	56	229.	18
30.	55	80.	50	130.	16	180.	76	230.	11
31.	42	81.	7	131.	53	181.	62	231.	81
32.	97	82.	64	132.	14	182.	99	232.	91
33.	32	83.	19	133.	89	183.	42	233.	67
34.	11	84.	95	134.	45	184.	30	234.	84
35.	79	85.	61	135.	94	185.	31	235.	73
36.	81	86.	36	136.	38	186.	90	236.	7
37.	48	87.	55	137.	107	187.	73	237.	17
38.	45	88.	57	138.	32	188.	95	238.	24
39.	22	89.	77	139.	26	189.	69	239.	94
40.	41	90.	94	140.	27	190.	67	240.	63
41.	32	91.	50	141.	66	191.	14	241.	23
42.	25	92.	44	142.	71	192.	26	242.	100
43.	21	93.	49	143.	48	193.	39	243.	37
44.	89	94.	35	144.	14	194.	49	244.	49
45.	37	95.	72	145.	61	195.	78	245.	67
46.	54	96.	34	146.	70	196.	49	246.	56
47.	85	97.	100	147.	28	197.	42	247.	39
48.	60	98.	25	148.	60	198.	59	248.	97
49.	45	99.	19	149.	28	199.	51	249.	22
50.	101	100.	15	150.	27	200.	46	250.	77

ANSWERS

Addition Using Up to 2 Digits   Chapter 4
Page 192

1. 87	**51.** 62	**101.** 87	**151.** 87	**201.** 58
2. 39	**52.** 67	**102.** 87	**152.** 66	**202.** 98
3. 81	**53.** 62	**103.** 73	**153.** 43	**203.** 94
4. 28	**54.** 71	**104.** 46	**154.** 11	**204.** 100
5. 17	**55.** 41	**105.** 30	**155.** 79	**205.** 48
6. 44	**56.** 68	**106.** 34	**156.** 19	**206.** 70
7. 40	**57.** 55	**107.** 71	**157.** 23	**207.** 49
8. 20	**58.** 83	**108.** 82	**158.** 69	**208.** 37
9. 34	**59.** 21	**109.** 92	**159.** 57	**209.** 25
10. 50	**60.** 25	**110.** 26	**160.** 53	**210.** 72
11. 19	**61.** 51	**111.** 67	**161.** 52	**211.** 54
12. 80	**62.** 99	**112.** 88	**162.** 87	**212.** 37
13. 91	**63.** 86	**113.** 80	**163.** 21	**213.** 58
14. 59	**64.** 59	**114.** 91	**164.** 94	**214.** 56
15. 97	**65.** 98	**115.** 63	**165.** 30	**215.** 13
16. 12	**66.** 75	**116.** 67	**166.** 12	**216.** 98
17. 60	**67.** 17	**117.** 24	**167.** 2	**217.** 21
18. 49	**68.** 8	**118.** 12	**168.** 35	**218.** 13
19. 42	**69.** 24	**119.** 45	**169.** 12	**219.** 95
20. 82	**70.** 13	**120.** 68	**170.** 50	**220.** 35
21. 71	**71.** 101	**121.** 70	**171.** 55	**221.** 2
22. 20	**72.** 56	**122.** 101	**172.** 97	**222.** 70
23. 91	**73.** 94	**123.** 70	**173.** 62	**223.** 15
24. 95	**74.** 76	**124.** 32	**174.** 42	**224.** 5
25. 92	**75.** 56	**125.** 97	**175.** 9	**225.** 16
26. 15	**76.** 54	**126.** 64	**176.** 83	**226.** 93
27. 69	**77.** 82	**127.** 63	**177.** 41	**227.** 77
28. 99	**78.** 28	**128.** 18	**178.** 104	**228.** 36
29. 17	**79.** 56	**129.** 32	**179.** 60	**229.** 71
30. 63	**80.** 10	**130.** 61	**180.** 87	**230.** 23
31. 54	**81.** 76	**131.** 14	**181.** 83	**231.** 36
32. 63	**82.** 53	**132.** 64	**182.** 28	**232.** 45
33. 28	**83.** 29	**133.** 100	**183.** 75	**233.** 88
34. 73	**84.** 96	**134.** 34	**184.** 72	**234.** 10
35. 90	**85.** 34	**135.** 63	**185.** 29	**235.** 33
36. 15	**86.** 67	**136.** 79	**186.** 87	**236.** 89
37. 95	**87.** 34	**137.** 21	**187.** 102	**237.** 11
38. 31	**88.** 27	**138.** 79	**188.** 56	**238.** 51
39. 17	**89.** 69	**139.** 35	**189.** 54	**239.** 74
40. 84	**90.** 24	**140.** 69	**190.** 21	**240.** 102
41. 43	**91.** 33	**141.** 69	**191.** 98	**241.** 65
42. 91	**92.** 83	**142.** 83	**192.** 49	**242.** 5
43. 98	**93.** 12	**143.** 31	**193.** 24	**243.** 32
44. 75	**94.** 34	**144.** 8	**194.** 9	**244.** 28
45. 102	**95.** 22	**145.** 85	**195.** 16	**245.** 55
46. 88	**96.** 42	**146.** 84	**196.** 87	**246.** 17
47. 89	**97.** 75	**147.** 42	**197.** 62	**247.** 70
48. 48	**98.** 22	**148.** 43	**198.** 95	**248.** 93
49. 71	**99.** 58	**149.** 62	**199.** 17	**249.** 75
50. 18	**100.** 103	**150.** 61	**200.** 2	**250.** 83

ANSWERS

Addition Using Up to 2 Digits Chapter 5
Page 193

#	Ans	#	Ans	#	Ans	#	Ans	#	Ans
1.	84	51.	30	101.	81	151.	3	201.	98
2.	88	52.	62	102.	80	152.	59	202.	30
3.	73	53.	100	103.	19	153.	60	203.	41
4.	52	54.	25	104.	68	154.	65	204.	17
5.	48	55.	42	105.	72	155.	27	205.	54
6.	21	56.	34	106.	20	156.	54	206.	70
7.	89	57.	36	107.	88	157.	67	207.	70
8.	42	58.	16	108.	85	158.	32	208.	24
9.	98	59.	58	109.	42	159.	99	209.	58
10.	67	60.	3	110.	84	160.	96	210.	97
11.	97	61.	71	111.	45	161.	12	211.	44
12.	103	62.	89	112.	87	162.	63	212.	53
13.	49	63.	49	113.	20	163.	67	213.	12
14.	58	64.	35	114.	104	164.	48	214.	74
15.	53	65.	87	115.	6	165.	90	215.	42
16.	17	66.	54	116.	27	166.	36	216.	99
17.	91	67.	39	117.	93	167.	67	217.	13
18.	46	68.	78	118.	76	168.	16	218.	74
19.	83	69.	73	119.	24	169.	84	219.	77
20.	19	70.	99	120.	74	170.	67	220.	75
21.	23	71.	101	121.	72	171.	95	221.	62
22.	41	72.	85	122.	85	172.	15	222.	13
23.	19	73.	39	123.	100	173.	58	223.	51
24.	31	74.	87	124.	21	174.	83	224.	108
25.	94	75.	86	125.	6	175.	84	225.	65
26.	69	76.	6	126.	34	176.	26	226.	27
27.	5	77.	104	127.	54	177.	104	227.	16
28.	12	78.	51	128.	21	178.	64	228.	46
29.	96	79.	5	129.	88	179.	87	229.	47
30.	85	80.	95	130.	79	180.	97	230.	80
31.	84	81.	89	131.	68	181.	51	231.	76
32.	76	82.	99	132.	49	182.	49	232.	62
33.	97	83.	69	133.	14	183.	62	233.	17
34.	34	84.	54	134.	87	184.	13	234.	102
35.	67	85.	91	135.	22	185.	39	235.	51
36.	78	86.	67	136.	83	186.	44	236.	67
37.	76	87.	19	137.	78	187.	75	237.	67
38.	19	88.	30	138.	93	188.	37	238.	76
39.	92	89.	107	139.	94	189.	69	239.	69
40.	95	90.	13	140.	18	190.	87	240.	32
41.	56	91.	73	141.	58	191.	64	241.	55
42.	63	92.	24	142.	79	192.	38	242.	81
43.	6	93.	13	143.	38	193.	63	243.	41
44.	21	94.	79	144.	76	194.	86	244.	82
45.	3	95.	95	145.	77	195.	42	245.	39
46.	65	96.	57	146.	22	196.	28	246.	46
47.	8	97.	82	147.	67	197.	80	247.	41
48.	68	98.	77	148.	30	198.	66	248.	80
49.	34	99.	22	149.	65	199.	44	249.	97
50.	99	100.	57	150.	85	200.	97	250.	100

ANSWERS

Addition Using Up to 2 Digits — Chapter 6

1. 38
2. 32
3. 80
4. 35
5. 10
6. 64
7. 77
8. 67
9. 91
10. 71
11. 64
12. 43
13. 22
14. 51
15. 15
16. 83
17. 100
18. 19
19. 75
20. 52
21. 33
22. 51
23. 19
24. 80
25. 14
26. 104
27. 75
28. 15
29. 97
30. 100
31. 97
32. 66
33. 64
34. 18
35. 59
36. 69
37. 61
38. 19
39. 41
40. 64
41. 77
42. 59
43. 7
44. 100
45. 94
46. 57
47. 4
48. 20
49. 77
50. 11
51. 33
52. 7
53. 90
54. 95
55. 55
56. 26
57. 53
58. 76
59. 5
60. 31
61. 3
62. 82
63. 93
64. 71
65. 19
66. 52
67. 99
68. 23
69. 65
70. 68
71. 34
72. 70
73. 9
74. 51
75. 63
76. 69
77. 99
78. 56
79. 62
80. 72
81. 42
82. 29
83. 101
84. 45
85. 100
86. 78
87. 18
88. 91
89. 44
90. 103
91. 60
92. 34
93. 44
94. 70
95. 40
96. 46
97. 102
98. 47
99. 31
100. 62
101. 60
102. 7
103. 100
104. 20
105. 34
106. 21
107. 46
108. 27
109. 88
110. 16
111. 73
112. 93
113. 21
114. 39
115. 103
116. 75
117. 30
118. 19
119. 56
120. 45
121. 21
122. 54
123. 16
124. 81
125. 47
126. 53
127. 54
128. 34
129. 105
130. 68
131. 69
132. 18
133. 78
134. 54
135. 14
136. 28
137. 73
138. 46
139. 80
140. 48
141. 84
142. 70
143. 91
144. 68
145. 88
146. 74
147. 36
148. 23
149. 71
150. 66
151. 20
152. 73
153. 101
154. 95
155. 5
156. 102
157. 90
158. 37
159. 6
160. 38
161. 18
162. 39
163. 97
164. 43
165. 94
166. 34
167. 85
168. 76
169. 5
170. 98
171. 89
172. 32
173. 91
174. 65
175. 43
176. 54
177. 15
178. 95
179. 85
180. 42
181. 45
182. 103
183. 8
184. 64
185. 84
186. 77
187. 32
188. 49
189. 28
190. 44
191. 92
192. 32
193. 105
194. 69
195. 101
196. 17
197. 86
198. 39
199. 62
200. 91
201. 39
202. 17
203. 65
204. 99
205. 68
206. 79
207. 80
208. 44
209. 27
210. 78
211. 104
212. 87
213. 70
214. 26
215. 27
216. 46
217. 96
218. 46
219. 93
220. 68
221. 23
222. 64
223. 29
224. 32
225. 79
226. 20
227. 88
228. 89
229. 62
230. 85
231. 91
232. 61
233. 66
234. 82
235. 42
236. 77
237. 52
238. 62
239. 73
240. 100
241. 16
242. 87
243. 44
244. 64
245. 34
246. 64
247. 81
248. 74
249. 100
250. 1

ANSWERS

Addition Using Up to 2 Digits   Chapter 7

1. 30
2. 57
3. 86
4. 89
5. 47
6. 80
7. 20
8. 80
9. 101
10. 77
11. 83
12. 74
13. 47
14. 76
15. 65
16. 31
17. 78
18. 21
19. 56
20. 50
21. 102
22. 23
23. 53
24. 7
25. 101
26. 63
27. 11
28. 42
29. 69
30. 79
31. 15
32. 80
33. 47
34. 25
35. 74
36. 46
37. 77
38. 84
39. 49
40. 20
41. 41
42. 20
43. 56
44. 81
45. 56
46. 57
47. 55
48. 57
49. 63
50. 73
51. 84
52. 38
53. 12
54. 6
55. 90
56. 85
57. 72
58. 3
59. 101
60. 64
61. 23
62. 67
63. 63
64. 58
65. 81
66. 43
67. 61
68. 13
69. 53
70. 42
71. 76
72. 13
73. 32
74. 74
75. 31
76. 79
77. 108
78. 83
79. 30
80. 84
81. 16
82. 98
83. 21
84. 11
85. 89
86. 9
87. 98
88. 98
89. 29
90. 47
91. 36
92. 91
93. 91
94. 54
95. 83
96. 39
97. 22
98. 69
99. 54
100. 45
101. 29
102. 49
103. 61
104. 100
105. 87
106. 33
107. 88
108. 73
109. 26
110. 52
111. 19
112. 43
113. 38
114. 71
115. 7
116. 74
117. 83
118. 24
119. 101
120. 66
121. 68
122. 32
123. 93
124. 66
125. 94
126. 60
127. 79
128. 53
129. 63
130. 87
131. 58
132. 62
133. 57
134. 83
135. 36
136. 81
137. 50
138. 46
139. 80
140. 78
141. 66
142. 19
143. 66
144. 28
145. 23
146. 66
147. 53
148. 76
149. 47
150. 56
151. 16
152. 80
153. 72
154. 85
155. 67
156. 14
157. 52
158. 2
159. 99
160. 63
161. 100
162. 30
163. 11
164. 10
165. 7
166. 25
167. 12
168. 25
169. 41
170. 82
171. 53
172. 32
173. 35
174. 97
175. 28
176. 14
177. 94
178. 19
179. 8
180. 84
181. 78
182. 49
183. 6
184. 69
185. 50
186. 77
187. 91
188. 101
189. 90
190. 107
191. 22
192. 45
193. 93
194. 65
195. 40
196. 11
197. 57
198. 78
199. 82
200. 20
201. 69
202. 64
203. 72
204. 76
205. 66
206. 58
207. 47
208. 71
209. 102
210. 91
211. 31
212. 41
213. 19
214. 54
215. 26
216. 85
217. 63
218. 21
219. 50
220. 81
221. 12
222. 60
223. 84
224. 4
225. 59
226. 106
227. 42
228. 23
229. 62
230. 85
231. 85
232. 98
233. 57
234. 41
235. 22
236. 76
237. 37
238. 40
239. 6
240. 61
241. 48
242. 91
243. 79
244. 98
245. 29
246. 50
247. 93
248. 73
249. 36
250. 11

ANSWERS

Addition Using Up to 2 Digits   Chapter 8

1. 73
2. 40
3. 75
4. 17
5. 3
6. 31
7. 49
8. 68
9. 102
10. 91
11. 15
12. 39
13. 35
14. 102
15. 33
16. 58
17. 64
18. 41
19. 15
20. 89
21. 79
22. 93
23. 7
24. 15
25. 76
26. 83
27. 91
28. 31
29. 29
30. 96
31. 66
32. 23
33. 71
34. 28
35. 64
36. 70
37. 43
38. 45
39. 21
40. 54
41. 38
42. 26
43. 53
44. 44
45. 7
46. 74
47. 80
48. 12
49. 20
50. 23
51. 78
52. 83
53. 79
54. 35
55. 58
56. 75
57. 24
58. 26
59. 54
60. 59
61. 55
62. 103
63. 42
64. 27
65. 43
66. 69
67. 77
68. 8
69. 67
70. 14
71. 22
72. 48
73. 14
74. 42
75. 17
76. 22
77. 18
78. 20
79. 22
80. 12
81. 104
82. 78
83. 72
84. 66
85. 5
86. 27
87. 7
88. 81
89. 50
90. 9
91. 74
92. 15
93. 85
94. 39
95. 94
96. 81
97. 15
98. 46
99. 53
100. 102
101. 5
102. 24
103. 73
104. 55
105. 97
106. 91
107. 54
108. 45
109. 44
110. 48
111. 18
112. 21
113. 93
114. 81
115. 95
116. 66
117. 49
118. 105
119. 30
120. 77
121. 27
122. 16
123. 54
124. 5
125. 60
126. 12
127. 81
128. 36
129. 48
130. 18
131. 19
132. 77
133. 40
134. 107
135. 12
136. 56
137. 20
138. 76
139. 96
140. 77
141. 53
142. 8
143. 19
144. 64
145. 39
146. 97
147. 35
148. 61
149. 57
150. 8
151. 20
152. 97
153. 11
154. 33
155. 38
156. 68
157. 42
158. 79
159. 58
160. 80
161. 45
162. 53
163. 74
164. 45
165. 14
166. 6
167. 101
168. 87
169. 74
170. 61
171. 93
172. 37
173. 24
174. 95
175. 83
176. 42
177. 99
178. 13
179. 33
180. 26
181. 39
182. 27
183. 85
184. 53
185. 36
186. 82
187. 91
188. 96
189. 99
190. 31
191. 25
192. 15
193. 100
194. 16
195. 11
196. 83
197. 27
198. 21
199. 27
200. 46
201. 39
202. 88
203. 45
204. 97
205. 71
206. 61
207. 35
208. 77
209. 95
210. 65
211. 78
212. 62
213. 62
214. 79
215. 5
216. 89
217. 83
218. 60
219. 34
220. 92
221. 63
222. 83
223. 70
224. 85
225. 56
226. 65
227. 85
228. 24
229. 36
230. 71
231. 78
232. 74
233. 19
234. 53
235. 66
236. 60
237. 78
238. 61
239. 93
240. 28
241. 87
242. 42
243. 36
244. 80
245. 46
246. 92
247. 67
248. 106
249. 69
250. 56

ANSWERS

Addition Using Up to 2 Digits   Chapter 9
Page 197

1. 44
2. 78
3. 98
4. 87
5. 46
6. 24
7. 52
8. 17
9. 19
10. 29
11. 55
12. 66
13. 72
14. 68
15. 74
16. 22
17. 103
18. 76
19. 45
20. 44
21. 25
22. 52
23. 32
24. 71
25. 69
26. 61
27. 79
28. 97
29. 57
30. 30
31. 55
32. 87
33. 10
34. 28
35. 21
36. 16
37. 93
38. 91
39. 16
40. 56
41. 105
42. 88
43. 58
44. 25
45. 20
46. 15
47. 46
48. 33
49. 7
50. 25
51. 72
52. 32
53. 96
54. 58
55. 47
56. 72
57. 70
58. 103
59. 102
60. 25
61. 103
62. 47
63. 54
64. 92
65. 88
66. 31
67. 45
68. 79
69. 80
70. 96
71. 64
72. 44
73. 91
74. 43
75. 7
76. 34
77. 24
78. 85
79. 36
80. 57
81. 24
82. 32
83. 7
84. 15
85. 65
86. 80
87. 91
88. 15
89. 60
90. 65
91. 61
92. 94
93. 69
94. 91
95. 88
96. 65
97. 84
98. 77
99. 65
100. 100
101. 42
102. 44
103. 72
104. 77
105. 69
106. 68
107. 97
108. 55
109. 46
110. 64
111. 12
112. 90
113. 36
114. 68
115. 106
116. 76
117. 100
118. 13
119. 12
120. 64
121. 70
122. 80
123. 34
124. 19
125. 21
126. 40
127. 59
128. 101
129. 10
130. 59
131. 33
132. 92
133. 98
134. 89
135. 78
136. 78
137. 53
138. 49
139. 83
140. 27
141. 29
142. 90
143. 37
144. 18
145. 35
146. 95
147. 41
148. 75
149. 15
150. 94
151. 27
152. 88
153. 72
154. 92
155. 21
156. 95
157. 98
158. 39
159. 44
160. 33
161. 98
162. 35
163. 77
164. 48
165. 73
166. 70
167. 37
168. 68
169. 63
170. 6
171. 46
172. 71
173. 58
174. 51
175. 18
176. 15
177. 10
178. 60
179. 68
180. 6
181. 48
182. 93
183. 47
184. 92
185. 14
186. 74
187. 13
188. 54
189. 42
190. 97
191. 46
192. 13
193. 52
194. 84
195. 77
196. 78
197. 46
198. 10
199. 59
200. 44
201. 21
202. 28
203. 44
204. 23
205. 6
206. 81
207. 95
208. 103
209. 82
210. 32
211. 70
212. 8
213. 100
214. 39
215. 10
216. 88
217. 65
218. 47
219. 87
220. 105
221. 63
222. 67
223. 63
224. 23
225. 75
226. 101
227. 87
228. 53
229. 52
230. 51
231. 80
232. 16
233. 20
234. 96
235. 77
236. 51
237. 105
238. 49
239. 68
240. 24
241. 32
242. 103
243. 95
244. 23
245. 93
246. 25
247. 40
248. 94
249. 13
250. 45

ANSWERS

Horizontal Addition Using Single Digit Numbers And Ten   Chapter 10

1. 7	51. 7	101. 20	151. 10	201. 8
2. 11	52. 14	102. 12	152. 9	202. 16
3. 9	53. 18	103. 3	153. 7	203. 13
4. 12	54. 8	104. 10	154. 13	204. 5
5. 10	55. 3	105. 7	155. 11	205. 10
6. 2	56. 6	106. 9	156. 5	206. 18
7. 7	57. 5	107. 15	157. 10	207. 14
8. 11	58. 12	108. 4	158. 11	208. 4
9. 17	59. 13	109. 10	159. 8	209. 9
10. 13	60. 12	110. 10	160. 10	210. 15
11. 9	61. 10	111. 3	161. 10	211. 18
12. 19	62. 10	112. 8	162. 5	212. 10
13. 10	63. 1	113. 19	163. 16	213. 6
14. 8	64. 9	114. 13	164. 14	214. 10
15. 12	65. 16	115. 3	165. 13	215. 14
16. 11	66. 13	116. 7	166. 9	216. 17
17. 15	67. 12	117. 12	167. 11	217. 9
18. 3	68. 17	118. 11	168. 5	218. 7
19. 13	69. 6	119. 9	169. 10	219. 14
20. 14	70. 8	120. 7	170. 7	220. 12
21. 16	71. 11	121. 10	171. 16	221. 16
22. 16	72. 8	122. 6	172. 7	222. 18
23. 7	73. 12	123. 5	173. 14	223. 9
24. 9	74. 12	124. 14	174. 10	224. 15
25. 15	75. 14	125. 8	175. 11	225. 10
26. 14	76. 11	126. 9	176. 12	226. 10
27. 10	77. 13	127. 14	177. 12	227. 10
28. 10	78. 10	128. 14	178. 17	228. 6
29. 17	79. 6	129. 7	179. 16	229. 10
30. 9	80. 4	130. 17	180. 13	230. 9
31. 10	81. 13	131. 0	181. 10	231. 12
32. 3	82. 11	132. 9	182. 8	232. 6
33. 10	83. 7	133. 10	183. 15	233. 9
34. 15	84. 13	134. 5	184. 16	234. 10
35. 12	85. 10	135. 10	185. 10	235. 9
36. 10	86. 8	136. 15	186. 10	236. 13
37. 10	87. 10	137. 19	187. 12	237. 11
38. 4	88. 9	138. 5	188. 7	238. 3
39. 16	89. 17	139. 8	189. 13	239. 14
40. 2	90. 10	140. 10	190. 19	240. 10
41. 8	91. 0	141. 10	191. 9	
42. 18	92. 6	142. 14	192. 12	
43. 16	93. 9	143. 18	193. 7	
44. 9	94. 2	144. 10	194. 11	
45. 12	95. 10	145. 15	195. 11	
46. 10	96. 4	146. 7	196. 14	
47. 8	97. 14	147. 4	197. 15	
48. 8	98. 4	148. 18	198. 8	
49. 5	99. 8	149. 11	199. 11	
50. 7	100. 3	150. 8	200. 17	

ANSWERS

Addition Using Two By Two Digit Numbers   Chapter 11
Page 199

1. 67
2. 81
3. 113
4. 134
5. 27
6. 100
7. 57
8. 72
9. 89
10. 67
11. 48
12. 82
13. 133
14. 71
15. 84
16. 63
17. 65
18. 77
19. 89
20. 123
21. 63
22. 185
23. 52
24. 96
25. 59
26. 40
27. 162
28. 77
29. 115
30. 38
31. 107
32. 145
33. 98
34. 109
35. 139
36. 175
37. 78
38. 135
39. 25
40. 181
41. 135
42. 171
43. 128
44. 166
45. 169
46. 133
47. 132
48. 126
49. 118
50. 124
51. 152
52. 94
53. 139
54. 145
55. 151
56. 84
57. 129
58. 142
59. 85
60. 86
61. 109
62. 161
63. 60
64. 55
65. 159
66. 94
67. 96
68. 112
69. 91
70. 124
71. 121
72. 96
73. 45
74. 83
75. 93
76. 98
77. 93
78. 67
79. 98
80. 161
81. 85
82. 93
83. 113
84. 99
85. 44
86. 150
87. 83
88. 173
89. 117
90. 167
91. 168
92. 80
93. 117
94. 182
95. 76
96. 96
97. 47
98. 117
99. 152
100. 173
101. 137
102. 128
103. 43
104. 108
105. 117
106. 132
107. 120
108. 168
109. 84
110. 74
111. 103
112. 79
113. 99
114. 105
115. 125
116. 76
117. 57
118. 129
119. 106
120. 102
121. 123
122. 89
123. 133
124. 109
125. 121
126. 112
127. 103
128. 105
129. 136
130. 156
131. 60
132. 115
133. 57
134. 99
135. 124
136. 137
137. 111
138. 95
139. 127
140. 186
141. 87
142. 78
143. 112
144. 101
145. 151
146. 142
147. 188
148. 139
149. 50
150. 106
151. 71
152. 64
153. 132
154. 71
155. 121
156. 147
157. 121
158. 151
159. 127
160. 175
161. 125
162. 164
163. 84
164. 57
165. 95
166. 150
167. 109
168. 64
169. 129
170. 101
171. 96
172. 164
173. 103
174. 164
175. 129
176. 117
177. 120
178. 137
179. 80
180. 174
181. 147
182. 75
183. 92
184. 122
185. 168
186. 166
187. 37
188. 35
189. 108
190. 113
191. 68
192. 183
193. 142
194. 121
195. 36
196. 131
197. 126
198. 178
199. 139
200. 129
201. 96
202. 151
203. 66
204. 116
205. 55
206. 196
207. 93
208. 121
209. 134
210. 114
211. 99
212. 129
213. 94
214. 92
215. 68
216. 131
217. 115
218. 157
219. 71
220. 117
221. 176
222. 83
223. 73
224. 96
225. 168
226. 105
227. 115
228. 66
229. 76
230. 166
231. 107
232. 125
233. 108
234. 166
235. 130
236. 84
237. 79
238. 54
239. 110
240. 114
241. 95
242. 105
243. 144
244. 102
245. 105
246. 106
247. 110
248. 125
249. 107
250. 64

ANSWERS

Addition Using Two By Two Digit Numbers   Chapter 12

1. 111	**51.** 139	**101.** 64	**151.** 147	**201.** 94
2. 66	**52.** 57	**102.** 118	**152.** 68	**202.** 42
3. 113	**53.** 118	**103.** 141	**153.** 143	**203.** 129
4. 101	**54.** 90	**104.** 64	**154.** 184	**204.** 165
5. 164	**55.** 118	**105.** 132	**155.** 71	**205.** 163
6. 70	**56.** 82	**106.** 72	**156.** 56	**206.** 129
7. 168	**57.** 95	**107.** 78	**157.** 63	**207.** 100
8. 119	**58.** 186	**108.** 97	**158.** 130	**208.** 147
9. 90	**59.** 118	**109.** 113	**159.** 53	**209.** 111
10. 160	**60.** 92	**110.** 51	**160.** 113	**210.** 138
11. 103	**61.** 106	**111.** 116	**161.** 133	**211.** 168
12. 103	**62.** 129	**112.** 145	**162.** 149	**212.** 188
13. 91	**63.** 167	**113.** 156	**163.** 100	**213.** 171
14. 72	**64.** 126	**114.** 99	**164.** 115	**214.** 86
15. 136	**65.** 134	**115.** 71	**165.** 41	**215.** 107
16. 81	**66.** 99	**116.** 130	**166.** 64	**216.** 101
17. 159	**67.** 112	**117.** 78	**167.** 174	**217.** 176
18. 68	**68.** 195	**118.** 147	**168.** 107	**218.** 140
19. 146	**69.** 62	**119.** 114	**169.** 107	**219.** 125
20. 151	**70.** 83	**120.** 79	**170.** 154	**220.** 34
21. 39	**71.** 122	**121.** 127	**171.** 92	**221.** 167
22. 77	**72.** 90	**122.** 86	**172.** 41	**222.** 68
23. 53	**73.** 26	**123.** 162	**173.** 129	**223.** 133
24. 92	**74.** 143	**124.** 88	**174.** 48	**224.** 91
25. 76	**75.** 84	**125.** 122	**175.** 66	**225.** 100
26. 97	**76.** 83	**126.** 158	**176.** 150	**226.** 75
27. 36	**77.** 104	**127.** 75	**177.** 100	**227.** 85
28. 69	**78.** 97	**128.** 129	**178.** 187	**228.** 47
29. 103	**79.** 164	**129.** 57	**179.** 69	**229.** 37
30. 97	**80.** 158	**130.** 86	**180.** 101	**230.** 172
31. 97	**81.** 121	**131.** 106	**181.** 87	**231.** 141
32. 72	**82.** 134	**132.** 109	**182.** 53	**232.** 120
33. 178	**83.** 140	**133.** 100	**183.** 101	**233.** 75
34. 162	**84.** 60	**134.** 95	**184.** 70	**234.** 110
35. 102	**85.** 103	**135.** 109	**185.** 49	**235.** 112
36. 167	**86.** 103	**136.** 58	**186.** 55	**236.** 127
37. 179	**87.** 159	**137.** 70	**187.** 75	**237.** 66
38. 94	**88.** 60	**138.** 162	**188.** 41	**238.** 72
39. 108	**89.** 110	**139.** 139	**189.** 117	**239.** 79
40. 54	**90.** 111	**140.** 83	**190.** 40	**240.** 128
41. 101	**91.** 81	**141.** 138	**191.** 141	**241.** 101
42. 134	**92.** 133	**142.** 58	**192.** 64	**242.** 104
43. 86	**93.** 106	**143.** 70	**193.** 178	**243.** 90
44. 134	**94.** 100	**144.** 125	**194.** 66	**244.** 58
45. 91	**95.** 86	**145.** 33	**195.** 106	**245.** 134
46. 112	**96.** 120	**146.** 79	**196.** 138	**246.** 27
47. 151	**97.** 141	**147.** 162	**197.** 76	**247.** 114
48. 40	**98.** 111	**148.** 92	**198.** 32	**248.** 138
49. 63	**99.** 149	**149.** 134	**199.** 176	**249.** 99
50. 147	**100.** 107	**150.** 172	**200.** 129	**250.** 174

ANSWERS

Addition Using Two By Two Digit Numbers   Chapter 13

1. 167	**51.** 126	**101.** 49	**151.** 148	**201.** 72
2. 54	**52.** 119	**102.** 105	**152.** 114	**202.** 132
3. 91	**53.** 111	**103.** 142	**153.** 78	**203.** 101
4. 79	**54.** 148	**104.** 112	**154.** 61	**204.** 49
5. 84	**55.** 68	**105.** 161	**155.** 153	**205.** 55
6. 94	**56.** 101	**106.** 74	**156.** 75	**206.** 176
7. 142	**57.** 83	**107.** 39	**157.** 127	**207.** 137
8. 115	**58.** 157	**108.** 176	**158.** 84	**208.** 50
9. 40	**59.** 125	**109.** 54	**159.** 83	**209.** 69
10. 143	**60.** 68	**110.** 72	**160.** 121	**210.** 92
11. 132	**61.** 122	**111.** 160	**161.** 97	**211.** 76
12. 95	**62.** 137	**112.** 97	**162.** 165	**212.** 195
13. 55	**63.** 65	**113.** 61	**163.** 124	**213.** 54
14. 69	**64.** 171	**114.** 166	**164.** 108	**214.** 122
15. 184	**65.** 126	**115.** 121	**165.** 67	**215.** 155
16. 110	**66.** 115	**116.** 161	**166.** 191	**216.** 135
17. 107	**67.** 138	**117.** 123	**167.** 48	**217.** 66
18. 110	**68.** 124	**118.** 63	**168.** 120	**218.** 82
19. 139	**69.** 111	**119.** 158	**169.** 124	**219.** 148
20. 94	**70.** 108	**120.** 122	**170.** 108	**220.** 110
21. 74	**71.** 112	**121.** 94	**171.** 154	**221.** 157
22. 66	**72.** 32	**122.** 59	**172.** 51	**222.** 125
23. 78	**73.** 126	**123.** 164	**173.** 63	**223.** 100
24. 84	**74.** 146	**124.** 101	**174.** 101	**224.** 149
25. 79	**75.** 138	**125.** 88	**175.** 86	**225.** 147
26. 107	**76.** 77	**126.** 79	**176.** 35	**226.** 157
27. 161	**77.** 105	**127.** 134	**177.** 72	**227.** 88
28. 22	**78.** 74	**128.** 46	**178.** 128	**228.** 165
29. 70	**79.** 156	**129.** 35	**179.** 94	**229.** 100
30. 129	**80.** 104	**130.** 88	**180.** 96	**230.** 146
31. 94	**81.** 120	**131.** 159	**181.** 166	**231.** 84
32. 165	**82.** 137	**132.** 101	**182.** 91	**232.** 92
33. 145	**83.** 152	**133.** 60	**183.** 130	**233.** 71
34. 137	**84.** 130	**134.** 108	**184.** 174	**234.** 170
35. 135	**85.** 55	**135.** 142	**185.** 108	**235.** 107
36. 131	**86.** 123	**136.** 59	**186.** 126	**236.** 103
37. 192	**87.** 163	**137.** 132	**187.** 144	**237.** 76
38. 120	**88.** 190	**138.** 158	**188.** 109	**238.** 89
39. 128	**89.** 184	**139.** 132	**189.** 125	**239.** 93
40. 34	**90.** 126	**140.** 57	**190.** 136	**240.** 100
41. 163	**91.** 92	**141.** 161	**191.** 75	**241.** 60
42. 117	**92.** 93	**142.** 69	**192.** 159	**242.** 159
43. 104	**93.** 97	**143.** 113	**193.** 180	**243.** 124
44. 111	**94.** 118	**144.** 54	**194.** 109	**244.** 150
45. 194	**95.** 53	**145.** 114	**195.** 39	**245.** 164
46. 156	**96.** 116	**146.** 97	**196.** 146	**246.** 113
47. 132	**97.** 60	**147.** 133	**197.** 52	**247.** 47
48. 45	**98.** 113	**148.** 47	**198.** 132	**248.** 67
49. 91	**99.** 127	**149.** 158	**199.** 47	**249.** 81
50. 99	**100.** 125	**150.** 95	**200.** 120	**250.** 130

ANSWERS

Addition Using Up-To Three Digit Numbers

1. 318
2. 671
3. 729
4. 739
5. 920
6. 733
7. 336
8. 757
9. 712
10. 965
11. 212
12. 768
13. 788
14. 623
15. 765
16. 913
17. 943
18. 976
19. 342
20. 146
21. 225
22. 179
23. 898
24. 383
25. 284
26. 393
27. 456
28. 112
29. 890
30. 928
31. 614
32. 750
33. 863
34. 209
35. 235
36. 201
37. 203
38. 275
39. 791
40. 616
41. 933
42. 401
43. 696
44. 656
45. 759
46. 442
47. 472
48. 465
49. 561
50. 498

51. 464
52. 925
53. 382
54. 515
55. 377
56. 376
57. 209
58. 396
59. 856
60. 306
61. 969
62. 388
63. 254
64. 655
65. 252
66. 693
67. 863
68. 434
69. 135
70. 461
71. 454
72. 189
73. 435
74. 644
75. 949
76. 213
77. 980
78. 728
79. 775
80. 278
81. 222
82. 900
83. 393
84. 532
85. 947
86. 933
87. 952
88. 500
89. 828
90. 715
91. 662
92. 968
93. 688
94. 678
95. 856
96. 883
97. 724
98. 604
99. 535
100. 422

101. 687
102. 706
103. 264
104. 589
105. 470
106. 934
107. 103
108. 646
109. 166
110. 455
111. 294
112. 867
113. 620
114. 802
115. 109
116. 808
117. 200
118. 431
119. 604
120. 447
121. 645
122. 399
123. 496
124. 601
125. 270
126. 836
127. 673
128. 669
129. 650
130. 845
131. 651
132. 425
133. 715
134. 249
135. 565
136. 186
137. 558
138. 569
139. 553
140. 616
141. 351
142. 706
143. 652
144. 447
145. 303
146. 260
147. 939
148. 756
149. 820
150. 444

151. 392
152. 578
153. 931
154. 513
155. 145
156. 597
157. 604
158. 744
159. 445
160. 970
161. 575
162. 358
163. 512
164. 401
165. 774
166. 782
167. 112
168. 748
169. 592
170. 367
171. 745
172. 337
173. 124
174. 360
175. 692
176. 140
177. 336
178. 981
179. 333
180. 475
181. 603
182. 245
183. 916
184. 396
185. 449
186. 537
187. 336
188. 191
189. 669
190. 709
191. 587
192. 983
193. 499
194. 999
195. 448
196. 446
197. 300
198. 571
199. 922
200. 982

201. 227
202. 705
203. 802
204. 931
205. 124
206. 666
207. 125
208. 552
209. 287
210. 788
211. 268
212. 853
213. 966
214. 325
215. 322
216. 176
217. 146
218. 561
219. 421
220. 683
221. 941
222. 293
223. 843
224. 705
225. 562
226. 237
227. 501
228. 503
229. 610
230. 238
231. 132
232. 499
233. 958
234. 983
235. 183
236. 177
237. 502
238. 296
239. 763
240. 474
241. 588
242. 602
243. 887
244. 855
245. 586
246. 188
247. 815
248. 402
249. 747
250. 833

ANSWERS

Addition Using Negative and Positive Numbers — Chapter 15, Page 203

1. -575
2. -4
3. -1716
4. -881
5. 414
6. -595
7. -337
8. -179
9. 1721
10. 842
11. 346
12. 335
13. 905
14. 1052
15. -91
16. 1706
17. 1076
18. -150
19. -318
20. -14
21. 48
22. -152
23. 34
24. 1407
25. 22
26. -568
27. 994
28. 1090
29. 43
30. -747
31. -370
32. 440
33. -879
34. 698
35. 774
36. -1253
37. -606
38. 454
39. -301
40. 438
41. -1184
42. -77
43. 415
44. 1421
45. 595
46. 67
47. 410
48. -1540
49. 80
50. -1491
51. 1429
52. -986
53. 735
54. -919
55. 1356
56. -924
57. -42
58. 676
59. 730
60. -1118
61. 529
62. 485
63. 252
64. -344
65. -318
66. 484
67. -305
68. -301
69. -403
70. -417
71. -871
72. -885
73. -170
74. 1296
75. 81
76. -26
77. 466
78. 224
79. -903
80. 951
81. -276
82. 1566
83. 151
84. -93
85. 722
86. -314
87. -1046
88. 11
89. 1110
90. -460
91. -274
92. -811
93. 1222
94. 49
95. 314
96. -544
97. 1793
98. 1023
99. 314
100. 3
101. 769
102. 57
103. 1592
104. 221
105. 1167
106. 1648
107. 967
108. 777
109. 683
110. 410
111. 768
112. -1796
113. -1212
114. 38
115. 724
116. -134
117. 435
118. -700
119. -1200
120. 1512
121. -13
122. -44
123. 1538
124. -858
125. 7
126. -300
127. -350
128. 176
129. 391
130. 522
131. 1278
132. -1058
133. -436
134. 468
135. -1303
136. 698
137. -545
138. 921
139. -648
140. 672
141. 89
142. 353
143. -26
144. 848
145. -645
146. 1664
147. 979
148. 822
149. 82
150. -804
151. 49
152. -565
153. 625
154. 386
155. 309
156. 900
157. 994
158. 453
159. -342
160. 438
161. 684
162. -202
163. -966
164. 419
165. 1203
166. 968
167. 63
168. -920
169. 447
170. -1507
171. 1204
172. 95
173. -1422
174. -602
175. 1571
176. 312
177. -411
178. -1499
179. -15
180. -664
181. -1118
182. -697
183. -1253
184. -61
185. -1282
186. -99
187. -989
188. -532
189. 457
190. -514
191. 16
192. 632
193. -239
194. 138
195. -238
196. 565
197. -195
198. 1364
199. -458
200. 859
201. -1685
202. -133
203. -161
204. 410
205. 1167
206. -79
207. 158
208. 1452
209. 763
210. 1459
211. -907
212. -1412
213. -159
214. 310
215. 29
216. -870
217. 60
218. -7
219. 416
220. -454
221. -1253
222. 877
223. -1183
224. 1311
225. 219
226. -1149
227. -921
228. 545
229. -512
230. 44
231. -160
232. -30
233. -1199
234. -1638
235. -1725
236. -442
237. -229
238. 142
239. 1069
240. -221
241. 540
242. 1108
243. 444
244. 1343
245. -160
246. -1571
247. 907
248. 1070
249. 534
250. -984

notes

Page 204

www.ingramcontent.com/pod-product-compliance
Lightning Source LLC
Chambersburg PA
CBHW081223170426
43198CB00017B/2703